珍藏本·增订本
纪念版

汉译世界学术名著丛书

社会主义和资本主义的比较

〔英〕阿瑟·塞西尔·庇古　著

谨斋　译

Arthur Cecil Pigou

SOCIALISM VERSUS CAPITALISM

本书根据伦敦麦克米伦公司 1939 年版译出

汉译世界学术名著丛书
（120 年纪念版·珍藏本）
增订本出版说明

2017 年 10 月，为纪念商务印书馆创立 120 周年，本馆推出“汉译世界学术名著丛书”（120 年纪念版·珍藏本），计七百种。近五六年来，仰赖学界同人倾力支持，订正旧译，增补新译，拓展新著，积累日多。为满足读者需要，本馆在七百种的基础上，继续推出“汉译世界学术名著丛书”（120 年纪念版·珍藏本·增订本）三百种。至此，“汉译世界学术名著丛书”累计出版已达千种。

今后，本馆将继续推进丛书的翻译出版工作，在积累单本名著的基础上陆续分辑刊行，汇印出版。为促进中外文明互鉴、推动我国学术发展，使“汉译世界学术名著丛书”这项对我国学术文化有基本建设意义的重大工程发挥更大作用，诚望海内外学术界、翻译界继续给予支持，帮助我们把这套丛书出得更好。

商务印书馆编辑部

2024 年 2 月

汉译世界学术名著丛书
（120 年纪念版·珍藏本）
出 版 说 明

2017 年 2 月 11 日，商务印书馆迎来 120 岁的生日。120 年前，商务印书馆前贤怀揣文化救国的理想，抱持“昌明教育，开启民智”的使命，立足本土，放眼寰宇，以出版为津梁，沟通中西，为中国、为世界提供最富智慧的思想文化成果。无论世事白云苍狗，潮流左右激荡，甚至战火硝烟弥漫，始终践行学术报国之志，无改初心。

迻译世界各国学术名著，即其一端。早在 20 世纪初年便出版《原富》《天演论》等影响至今的代表性著作，1950 年代后更致力于外国哲学和社会科学经典的译介，及至 1980 年代，辑为“汉译世界学术名著丛书”，汇涓为流，蔚为大观。丛书自 1981 年开始出版，历时三十余年，迄今已推出七百种，是我国现代出版史上规模最大、最为重要的学术翻译工程。

丛书所选之书，立场观点不囿于一派，学科领域不限于一门，皆为文明开启以来，各时代、各国家、各民族的思想与文化精粹，代表着人类已经到达过的精神境界。丛书系统译介世界学术经典，引领时代思想，为本土原创学术的发展提供丰富的文化滋养，为推动中国现代学术和现代化进程做出了突出的贡献。

为纪念商务印书馆成立120周年，我们整体推出“汉译世界学术名著丛书”120年纪念版的珍藏本，寄望既利于文化积累，又便于研读查考，同时向长期支持丛书出版的译者、编者和读者致以敬意。

两甲子后的今天，商务印书馆又站在了一个新的历史时间节点上。我们不仅要铭记先辈的身影和足迹，更须让我们的步伐充满新的时代精神。这是商务人代代相传的事业，更是与国家和民族的命运始终紧密相连的事业。我们责无旁贷，必须做好我们这代人的传承与创造，让我们的努力和成果不仅凝聚成民族文化的记忆，还能成为后来人可以接续的事业。唯此，才能不负前贤，无愧来者。

商务印书馆编辑部

2017年10月

关于《社会主义和资本主义的比较》

庇古(1877—1959)是英国现代著名的资产阶级经济学家，生前担任剑桥大学教授多年，并曾任英国通货与外汇委员会委员、皇家所得税委员会委员、通货和英格兰银行纸币发行委员会委员及国际经济学会名誉会长等职。他写过大量的经济学著作，其中最主要的有《福利经济学》(1920 年)、《失业论》(1933 年)及本书(1937 年)。

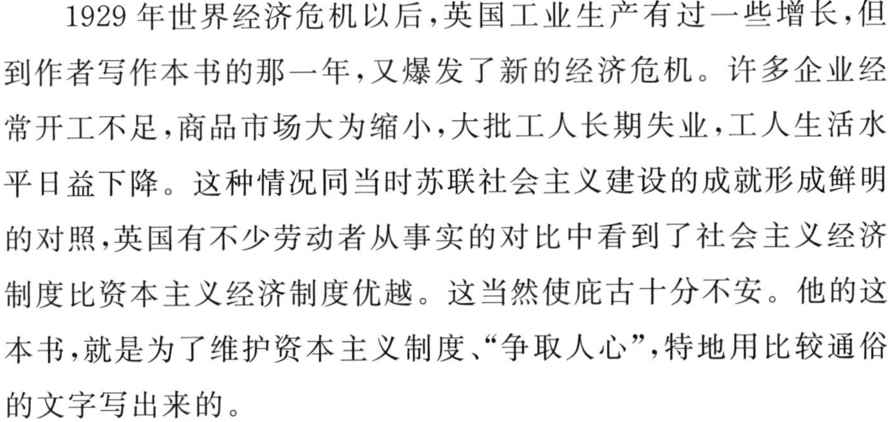

1929 年世界经济危机以后，英国工业生产有过一些增长，但到作者写作本书的那一年，又爆发了新的经济危机。许多企业经常开工不足，商品市场大为缩小，大批工人长期失业，工人生活水平日益下降。这种情况同当时苏联社会主义建设的成就形成鲜明的对照，英国有不少劳动者从事实的对比中看到了社会主义经济制度比资本主义经济制度优越。这当然使庇古十分不安。他的这本书，就是为了维护资本主义制度、“争取人心”，特地用比较通俗的文字写出来的。

从这本书的题目也可以看出，它的主题是要比较社会主义经济制度和资本主义经济制度的“优劣”。为了便于迷惑劳动人民，他装扮出一副“公正”的学者面孔，说这两种制度各有利弊，不能简单地下结论，但是全书总的精神则在于：竭力歪曲社会主义的经济制度,积极鼓吹资本主义的经济结构和经营管理方法,并在财政金融方面提出一些改良主义的方案来为资本主义补苴罅漏。

本书一开头,庇古就力图抹杀社会主义和资本主义两种制度的根本区别,把它们说成是可以并行不悖的东西。他承认社会主义制度排斥赚取利润,同时又认为社会主义制度下存在着“利润动机”。他承认赚取利润是资本主义制度的一个特点,同时又歪曲利润这一概念,把它解释为“中间人为了谋取收益而提供的各种服务”的“报酬”,认为它“可以通过把各种工业组织成独立的消费合作社、市政企业和公共机构”加以取消。他肯定生产手段的集体或公共所有制是社会主义的根本特征之一,但是“集体”、“公共”这些词汇在他的词典里包含资本主义国家、资本主义的合作社之类的货色,因而他断言生产手段的集体或公共所有制在资本主义条件下也“同样是可行的”。按照上述说法,他做出了这样的断语:“在资本主义制度下可能,而且必须存在若干社会化的工业,在社会主义制度下也可能存在若干资本主义工业。”这里,庇古在调和那本来不可调和的东西上确实费尽了心机。但是,他对于利润、集体等的解释越是想超然于阶级之上,他的资产阶级真面目就越是跃然纸上。

接着,他用了很多篇幅来比较两种社会制度在经营管理方面的优劣。他表面上也承认社会主义制度具有合理分拨生产资源的可能性,但是紧接着他又说,在社会主义制度下由于“没有市场所决定的利率”等等,要达到对于维持现有资本和进行纯投资的生产资源的理想分配,一定会遇到严重困难。在事实面前,他也不得不承认,在资本主义制度下,由于垄断和竞争的存在,某些生产资源

会分拨不当，造成浪费，但是他更加强调的是，利己心、市场利率这个“自然的工具”发生作用的结果，“往往会造成‘理想的’分拨，其所实际达到的境界将丝毫不亚于人们所能合理期望的境界”。在发挥技术效率上，他也一再表示私人经营企业较之社会化企业具有许多优点，这里作者的意向是十分明显的。但是，按照庇古的逻辑，他又将怎样解释社会主义制度下生产高速度发展，资本主义社会则经常发生破坏性十分严重的经济危机这种异常明显的事实？将怎样解释社会主义社会消灭失业现象，资本主义社会总是存在着大量的产业后备军（甚至产业常备军）这又一种异常明显的事实？有“严重困难”的社会主义制度能够高速度发展生产，消灭失业，而“往往会造成‘理想的’分拨”、高度发挥技术效率的资本主义社会却偏偏经常发生经济危机，把大批工人抛向街头，这岂不是天大的怪事吗？

对于前一个问题，他没有正面谈。对于后一个问题，失业问题，他提出了自己的看法。他认为社会主义社会之所以“很少”失业，是因为它处于“投资之大超乎寻常”的时期，这样的时期资本主义社会也有；在“正常的时候”社会主义并不能消灭失业现象，而“正常的时候”不会永远不出现。他认为资本主义社会之所以发生失业现象，主要是由于在现代世界中，特别是在英国，货币工资标准是相当“固定”的，不能轻易升降，减损了私人投资的积极性，从而减少了平均就业人数。他还说什么“消灭失业的愿望在一些资本主义社会里可能同在社会主义集中计划下一样强烈”，好像问题就在于工人方面。这里，他根本避开了两种社会制度的不同这个根本点，用资本主义的经济规律来解释社会主义社会的经济现象。

在资本主义生产周期的个别阶段，市场的表面繁荣会刺激私人大量投资，失业可能有所减少，但是在任何时候资本主义都不可能消灭失业，因为失业是资本主义不可避免的产物，是资本主义生产的必要条件。庇古说什么资产阶级具有消灭失业的强烈愿望，这是对于现实的歪曲。戴着这样的有色眼镜，当然不可能了解社会主义社会生产的高速度发展、随之而来的失业的消灭是怎样“正常”地发生的。庇古把产生失业的原因归于货币工资的相当“固定”，也是用资产阶级的主观愿望来顶替客观的经济规律。他提出这样的论调有着双重的主观目的，一方面这是为了把工人失业归罪于什么工人要求支付过高的工资和工会僵硬的工资政策，另一方面又是为了替资产阶级不断压低工人的生活水平制造理论上的根据，但是英国工人的工资水平在以后的年代里果然下降了，失业问题还是没有解决，这不是一则证明了他的“理论”的破产，一则证明了在资本主义积累的一般规律的作用下必然要经常产生大量的失业人口这一条颠扑不破的真理吗？

在收入分配方面，书中有专门一章对两种制度做了比较。在这里，他绝口不提社会主义社会怎样为劳动人民创造了幸福生活的条件，只是轻描淡写地说了几句社会主义制度下社会服务事业的发展；由于当时英国社会触目惊心的事实，他难以否认收入分配上存在的“普遍不平等”，但是他特别提醒人们要注意这种收入不平等带来的“好处”，说什么资产阶级中有很大一部分人做了非常重要的工作——“英国许多富有的地主管理自己的产业，工作极为辛劳。许多有钱人为了培养自己，花了许多钱在外出旅行增长见识和研究公共服务方面，他们所过的生活要比他们大部分同胞辛劳得多”。如此等等。至于收入分配不平等所造成的某些弊病，只要实行高额累进的遗产税和所得税，用这些税款来补贴那些主要供穷人购买的东西的生产，就可以加以消除；到那个时候，在资本主义条件下也就达到了“社会主义”所要追求的目的。在庇古的笔下，毒蛇化为美人，资产阶级看不到了，剥削看不到了，有的只是善良的愿望，为公众服务的一片赤心！依靠剥削阶级的国家的主动，在国民收入再分配方面采取若干措施，“社会主义”倚马可待，试问，阶级斗争、无产阶级革命还有什么存在的理由？只不过，很可惜，庇古无意中提了一句——他在这里说的“社会主义”指的是英国工党的社会主义，这就泄露了全部秘密，暴露了他的资产阶级改良主义的嘴脸，同时，他在前面说的资本主义制度下的社会化工业、“社会主义”制度下的资本主义工业等也就易于理解了。这样的“社会主义”，资产阶级是允许存在的，在现实生活里也确实存在过，只是它所标榜的缩短分配不平等的距离却从来没有出现过。

庇古的经济思想对于现代资产阶级庸俗政治经济学的发展有一定的影响，商务印书馆翻译出版他的这部著作，供读者批判参考之用，是有现实意义的。

顾　林

1963 年 7 月

目　　录

序　言

本书各章系按照拙著《实践中的经济学》一书各章的方式写作，以供讲课之用。后来因为各章篇幅长短未能得当，事实上从未实际讲授。但是本书在语调和结构方面仍属讲稿性质。这也就是说，本书并无意作为学术论著，其对象也非专家学者，而是一般读者。作者所以没有谈到社会主义的国际方面，其理由也在于此。对任何政治纲领表示拥护或反对，不是学院经济学家应该做的事，也不是他力所能及。但是，在资本主义与社会主义孰优孰劣的问题上，将与此论题有关的主要考虑（只要此种考虑属于经济学范围以内）依次阐述，却是他应该做的事，也是他力所能及的事。本书目的就在于此。我必须感谢罗伯逊（D. H. Robertson）先生和马尔凡恩学院院长根特（H.C.A.Gaunt）先生，承蒙他们两位审阅了原稿，并且提出了一些改正意见。

庇　古

1937 年 8 月于

剑桥大学皇家学院

第一章　定义与说明

资本主义工业是生产的物质手段归私人所有或由私人租用，在私人指挥下经营，其目的在于出卖这些手段所生产的商品或劳务以获得利润的一种工业。资本主义经济，或者说，资本主义制度是其大部分生产资源被用于资本主义工业的一种经济或制度。实质上，这一定义等于是悉尼·韦伯夫妇(Sidney Webb)所提出的定义。“所谓资本主义或资本主义制度，或者照我们流行的说法，资本主义文明，是指工业和政治制度发展过程中的某一特定阶段，在这一阶段中，大部分工人不再占有生产手段，而落到挣工资者的地位，他们的生活条件、安全保障和个人自由似乎要取决于在全国人民中所占比例比较小的一部分人的意志；那就是那些占有，并且通过他们的合法占有控制着一个社会中土地、机器以及劳动力的组织调配，目的在于为他们自己谋求个人私利的人。”[①]这一定义在形式上的确是有缺陷的，因为它不承认公共当局在“占有”生产手段的同时，可能为了利润把这些手段出租给私人经营。如果国家占有煤矿或铁道而这样来处理的话，资本主义基本上仍旧完整

---

① 韦伯夫妇:《资本主义文明的衰亡》(*The Decay of Capitalist Civilization*)，第2页。

无损。事实上，按英国的情况来说，资本主义农业经营者往往并不占有土地；土地占有者究竟是私人地主还是郡政委员会，对于他们的经营，并无实质上的不同。不过，这些问题是次要的问题。

要是在二十年以前，对于这两个资本主义定义，我们可能要提出两个相应的社会主义定义。社会化的工业是生产的物质手段归一公共机构或自愿组成的团体所有，其经营不是为了向他人出售产品以谋取利润，而是为了直接为该机构或团体所代表的那些人服务的一种工业。社会主义制度是这个制度的大部分生产资源被用于社会化的工业的一种制度。韦伯夫妇在 1923 年写道："社会化的唯一根本特征是各项工业和服务事业以及它们所必需的生产手段不应归个人'占有'，工业管理和社会管理不应以获取私利为目的。"①

由于在这些定义中，社会化的一个基本特点，即不求利润，与资本主义有所不同，我们最好对这一点的意义不要有任何误解。很明显，利润同货币收入并不是一回事；废除利润并不就是废除货币收入。利润是货币收入中特定的一种——用一种特定方法取得的货币收益。当一个人——不论他是工人、艺术家、医生还是农民——向旁人出卖他的劳动或他的产品时，他并不是在赚取利润。就和这里有关的意义而言，赚取利润意味着担当一个中间人或企业家的作用，雇佣他人的劳动或从他人那里买进商品，然后出卖这种劳动的产品或商品，谋取支出和收入之间的差额为报酬。为了我们弄清定义起见，这就是赚取利润的意思。废除利润，就是要废

① 韦伯夫妇：《资本主义文明的衰亡》，第 247 页。

除这个——中间人为了谋取收益而提供的各种服务——以及为此而付出的报酬。

但是时下的学者往往不谈社会主义不同于资本主义之处就在于它不求上面所说的那种利润，而往往说社会主义与资本主义不同之处在于它没有利润动机。他们把“为使用而生产”同“为利润而生产”（意即为了货币收入）对立起来。这样的说法既容易造成偏见，又容易引起混乱。一个私人店主并不一定比一个合作商店经理更加关心自己而不肯舍己为人。一个农场主出钱雇人养猪腌肉供他自己食用，其动机并不一定比另一个农场主雇人种豆然后出售，以其收入购买腌肉更加高尚。如果“利润动机”用来表示个人货币收入的动机，那么，当报酬采取利润形式时，并不一定就受这一动机的支配；而当报酬不采取这种形式，而以工资、薪水、诊金、束脩、稿费等形式出现时，倒也许受这一动机的支配。因此，我们可以说，如果利润的定义如我上面所下的定义，那么以社会主义代替资本主义就会取消利润。但是我们不能说，这会取消利润动机。这可能会缩小个人金钱收入的欲望支配行为的范围，但是也可能不会缩小这种范围。究竟缩小与否是一个实际验证的问题。从逻辑上来说，是不能一定的。若要避免引起误解的含义，社会主义同资本主义的区别必须放在前者不存在利润这一回事上；而且我们绝不要用“利润动机”这样一个术语来做它的不精确的同义语。[①]

① 有些反对资本主义的人强调这一事实：在目前情况下，利润动机在企业中所起的作用大于在自由职业中所起的作用。严格说来，这一事实同资本主义与社会主义的区别并无关系。尽管如此，这一事实仍旧需要加以说明。一个人在做生意时的行为对

我在上面所提出的，关于不管是资本主义制度中某一社会化的工业；还是全面的社会主义都适用的定义，要是在二十年以前，我想大家都会接受的。即使是现在，关于某一社会化的工业的定义仍是会被接受的。但是，由于俄国的试验的影响，关于全面社会主义的定义已经有了修改了。二十年以前，很少有人谈到集中计划。当时认为，社会主义要求：(一)排斥私人赚取利润，即一个人或一个集团雇佣其他人，把后者的产品出售给第三者以谋取利润；(二)(除了人以外的)生产手段的公共或集体所有制。这两个必要条件无论哪一条都不一定要求采取任何形式的集中计划，两个条件合在一起也是如此。因此，排斥赚取利润这件事本身可以通过把各种工业组织成**独立的**消费合作社、市政企业和公共机构来实现——提出这些形式以供选择是为了适应各个产业的特殊情况。在这种制度下，任何地方的管理和销售工作都可以由领薪金的人

旁人的影响不如一个外科大夫的行为那么立竿见影。这种不密切的情况和肉眼看不见的困难正好说明了为什么有阿伦(Allan)先生所着重指出的那种明显的矛盾："一方面摩根(Morgan)和哈里曼(Harriman)为争夺一条铁路的控制权，而弄得人心惶惶，另一方面两人又在虔诚地做礼拜。一方面洛克菲勒(Rockefeller)接受退税，把竞争对手无情地迫得歇手停业，另一方面他同欧几里得大街浸礼会教堂主日学校的孩子们在福莱斯特山的树荫下一起野餐唱赞美诗。"〔《万物之灵》(*The Lords of Creation*)，第90页〕那种无情的营业方针的后果不是以其本来面目，而是通过货币这一幽灵作为代表出席董事会的，如果不是这样的话，这样明显的矛盾现象看来是不会让它存在的。"比投资者更远离董事会会议桌的，是劳动者。要是工厂关了门，或者减少了工资，或者雇用了打手破坏矿工工房里举行的抗议集会，那么这种方针对受害者——矿工家属的影响，是不大容易想象得出的，他们远在天边，而账上的盈亏数字却迫在眼前，而且教你忘不了。华尔街人士谈到钢铁的时候，他们心里想的是什么？想的是在办公桌边、厂房里、矿井下辛勤劳动、有家属要养、房租要付、粮食鞋袜要买的十多万人的一个组织吗？一点也不是。钢铁不过是行情电报机上的一种象征，是投机赌博中的一个筹码，是你在48元时买进在56元时卖出的东西，是芝加哥的人哄抬看涨、美孚石油的人要杀价的东西。"(阿伦：《万物之灵》，第93—94页)

员来做;一切资本都可以按固定利率租用;符合上述定义的利润是不存在的。没有统一的集中计划,生产手段的集体或公共**所有制**同样是可行的。如果允许私人利润,所有者只要把他们的土地或其他手段出租给企业家就行;如果不允许私人利润,他们可以把他们的土地或其他手段出租给合作社或公共机构。这些东西只有一个出租者并不会造成困难,正如垄断下的商品只有一个出售者不会造成困难一样。好几个承租者会造成一个买方市场,所有者可以随心所欲地决定价格。当然,他可以这样来决定价格,按照这种价格可以满足需求的土地或生产手段会多得过剩,以致有一部分长期闲置不用;他也可以用另一种方式来决定价格,按照这种价格,土地和生产手段会不足以满足全部需求,以致必须通过某种方式的配给办法,在承租者中间进行分配。在实践中,他大概总是会设法使得价格的决定不致造成市场上有剩余或不足现象。但是,不论他在这个问题上怎么办,总是没有必要实行集中计划的。尽管如此,在今天,社会主义的定义中已普遍采纳了集中计划的观念。例如,摩里逊(Morrison)先生写道:"社会主义的基本要素是,全部大工业和土地必须归公共或集体所有,其经营必须是(按照全国性的经济计划)为了公共利益而不是为了私人利润。"[①]显然,如果我们同意这一点,则集中计划是否为全面的社会主义的必要条件问题就没有争辩余地;定义本身就已经把问题决定了。

当然,这并不意味着社会主义经济和计划经济就是一回事。

① 摩里逊:《现代社会主义简明大纲》(*An Easy Outline of Modern Socialism*),第9页。

计划经济可以是多种多样的。例如我们可以设想，处在一个奴隶社会上层的一个小小的贵族集团，完全按照自己的利益，计划一国的工业，而毫不考虑奴隶的利益。没有人能把这个叫作社会主义。社会主义的必要条件，不只是集中计划本身，而是某种特定性质的计划。计划经济如其目的明显地而且公开地是为了一个小小的统治集团的利益，就不能算是社会主义。根据摩里逊先生的定义，社会主义所意味着的那种计划是"为了公共利益"的计划。这个观念当然也可能有各种各样的解说。在一个受到外来侵略或者受到侵略威胁的国家，为了公共利益的计划可能意味着集中全国资源用于加强军事力量。即使撇开战争或战争威胁不谈，公共利益也是一种很难捉摸的观念。为了个人自由、结社自由以及无阶级社会的感觉这样一些不可具体捉摸的东西而牺牲物质福利，这样做对公共利益有多大好处？一方面要增加商品总产量，另一方面又要在不同的人们中间进行比较平均的分配，在不同的时期进行比较平均的分配，两者之间发生矛盾的时候，应该怎样权衡这两者的得失？诸如此类的问题不少。当社会内部某些特定阶级的人、以前的资产阶级、教士或者犹太人被挑出来作为迫害对象的时候，我们可以说这是为了"公共利益"吗？这些问题是无法回答的。而且，即使能够回答到使自己能满意的程度，那么认为社会主义必须具有为了我们各有各看法的那种意义的公共利益的计划，也是可笑的事。为了公共利益的计划必须是指（为了目前说明的方便起见）大家含糊地、不确切地认为其目的是为了"整个社会"的而不是一个有限阶级的利益的计划。这种计划，加上排斥赚取利润和生产手段集体或公共所有制，就是目前普遍所认为的社会主义的根本

特征。

从我们的定义或说明的措辞中可以看出，在资本主义制度下可能，而且必须存在若干社会化的工业——武装部队、皇家造币厂、灯塔之类的机构或设施就是明证。但是这仅仅是资本主义大海中的小岛。同样，在社会主义制度下也可能存在若干资本主义工业——这也不过是社会主义大陆上的湖泊而已。本书的主要目的不是说明岛屿或者湖泊。讨论的主要对象是作为代替目前西方世界实行的工业制度的唯一出路的全面社会主义。在论述之中，有一部分也将牵涉到某一项工业中资本主义与社会主义孰优孰劣的问题。举例来说，以后各章中第五章就是完全谈这个问题的。在那一章中，我要联系技术效率谈谈利润报酬问题。（第三章中）关于在各工业部门中间如何配置资源的不同方法，有一部分论述也是如此。但是，这样的问题，例如，在资本主义制度作为一个整体仍然保持的情况下，某些特定工业如军备工业或煤矿工业的特殊情况，是否会使得该工业有必要社会化，将不予讨论。本书的主题是社会主义制度，而不是资本主义制度内部某几种工业部门的社会化。

第二章　人民中间财富和收入的分配

关于社会主义的讨论，流行的方式往往以先攻击一番现行工业制度作为开场。这种攻击主要针对现在存在的财富和收入不公平现象以及与之俱来的严重弊害。这种攻击颇为有力，而且颇有根据。本章首先要做的事就是依次列举与英国有关的事实，并且一般地说明一下这些事实的意义。

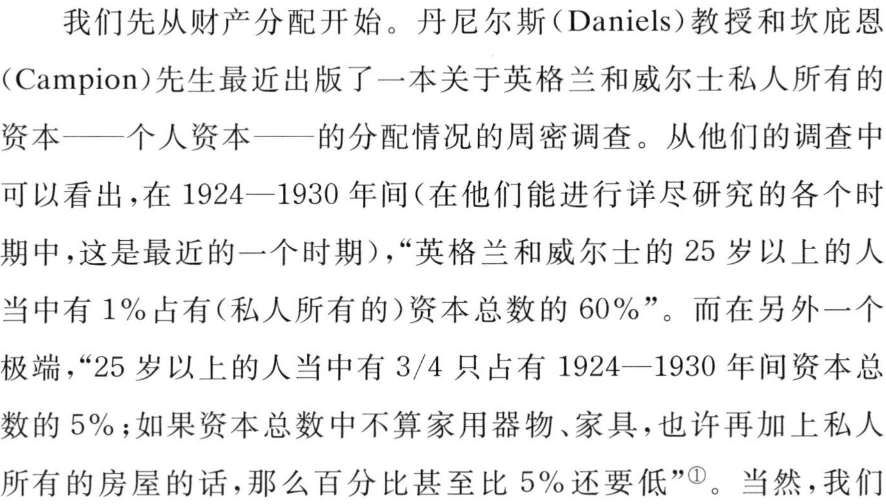

我们先从财产分配开始。丹尼尔斯（Daniels）教授和坎庇恩（Campion）先生最近出版了一本关于英格兰和威尔士私人所有的资本——个人资本——的分配情况的周密调查。从他们的调查中可以看出，在1924—1930年间（在他们能进行详尽研究的各个时期中，这是最近的一个时期），“英格兰和威尔士的25岁以上的人当中有1%占有（私人所有的）资本总数的60%”。而在另外一个极端，“25岁以上的人当中有3/4只占有1924—1930年间资本总数的5%；如果资本总数中不算家用器物、家具，也许再加上私人所有的房屋的话，那么百分比甚至比5%还要低”[①]。当然，我们

① 丹尼尔斯和坎庇恩：《国民资本的分配》（*The Distribution of National Capital*），1936年版，第53—54页。

说，25岁以上的人当中有1%占有资本总数60%，这并不是说，那个比例的资本的受惠者只有1%的人。如果这些人都是有配偶的一方，而另一方没有财产的话，那么享有资本总数60%的25岁以上的人的百分比就不是1%，而是2%，子女倒不必类推，因为我们的百分比只指25岁以上的人，这就已经把他们扣除在外了。不过，算得太精确是没有必要的。这样一个大概的数字就足以说明：一方面，我国个人资本中有一个很大的比例集中在极少数人的手中；另一方面，全国人口当中很大一部分人按人头计只占有极少量的财产。

这种资本所有权的极其不平等现象，当然造成了得自资本的收入——也许最好还是说，得自财产权的收入——极其不平等的现象。现在，我们借重一下鲍莱(Bowley)博士的权威，据他统计，在英格兰和威尔士，总收入的1/3得自财产权。因此，大体上我们可以得出这样的结论：25岁以上的人中有1%从他们财产权所得的收入占全国收入总数几近20%。这就是说，有少数的人处于这样的地位：即使他们不做任何工作，也能够得到并且花用为数极巨的个人收入。财产权这样分配的结果，就可能存在一个不靠工作谋生的拥有"财产收益"阶级。而且事实上，我们也知道，这一阶级的确是存在的。

这一阶级可分为两个部分。第一部分所包括的人，虽然不靠工作谋生，或者几乎不靠工作谋生，但是他们还是做工作的，而且做的是一种非常重要的工作。英国许多富有的地主，管理自己产业，工作极为辛勤。许多有钱人为了培养自己，花了许多钱在外出旅行增广见识和研究公共服务方面，他们所过的生活要比他们大部分同胞辛劳得多。比如，要是有人说瑟西尔家族（Cecil family）是游手好闲的寄生虫，那是不会不招人笑话的。此外，一部分有钱人除自己辛勤工作外，还利用得自财产的收入，奖掖艺术和科学，所裨益于世人者甚大。例如美第奇（The Medicis）父子[①]就是明证，在另外一种大不相同的领域内，卡内基和洛克菲勒研究所的某些捐助也是明证。毫无疑问，在一个理想的社会里，不会需要私人方面来资助有益事业；公共当局会随时注意提供必要的经费。但是，尽管如此，既然人们在指责现行经济制度的时候常常举出得自私人财产的大量收入有时会带来的种种弊害，也就应该谈谈这种收入有时也会带来的好处。

靠占有财产为生的那个阶级的另一部分人则不仅不必工作，而且实际上也从来没有工作过。汤奈（Tawney）教授在其所著《贪得无厌的社会》（*The Acquisitive Society*）一书中加以无情描绘的正是这一伙人。“靠利息或地租生活者和他们的生活方式，战前在英国是多么惯见啊！一开头是在公共学校就学，接着在牛津或剑桥大学的俱乐部打发日子，然后又在什么城市的一个俱乐部优游岁月；六月间伦敦气候宜人的时候住在伦敦，八月打松鸡，十月打野鸡，十二月上戛纳[②]，二三月行猎；还有整个新兴资产阶级都一心要学他们的样，不惜工本，刻意赶时髦！”[③]这一阶级的浪费挥霍，使得以公共福利为怀的人士感到厌恶，主要倒还不是因为他们使得原来归于整个社会的商品和劳务方面的实际收入受到了直接

① 15 世纪意大利佛罗伦萨贵族政治家。——译者注

② 法国海滨胜地。——译者注

③ 汤奈：《贪得无厌的社会》，第 37—38 页。

影响。因为,说到头,也许有人可以说,要不是他们的祖先为了使得他们能够这样花钱而特别辛勤工作,省吃俭用,从而还对生产设备的增加出了一把力的话,他们今天所花的实际收入也许根本不会产生。叫人厌恶的,不是经济上的弊害,而是道德上的弊害;比如拒不听从"位高则任重"的箴言,违背"所受者厚,所负者重"的古训,使自私自利的生活成为令人艳羡的生活,以"享受"代替"服务"的格言,等等。汤奈教授的义愤肯定是很多人有同感的。毫无疑问,这一批人的存在——得自财产权的大笔收入的产物——是一桩严重的社会弊害,说它是严重的,不仅是因为它本身是严重的,而且也是因为它在未来的学步者的心目中树立了错误的道德标准,尤其是因为它在辛勤劳动的穷人中间造成了委屈和不平的愤懑情绪。

但是,由于从财产权得到大笔收入而没有必要靠工作谋生的这些幸运儿中间,大部分人事实上倒并没有不做工作。拥有大笔的财产收益反而使他们能够得到一种报酬特别优厚的工作。举例来说,要在社会上谋生立业,有一些路子,只有那些有点资本的人才可以走,而一点资本没有的就办不到。不过,这到底是个次要的问题。主要的一点是,拥有财产收益的人没有必要年满16岁就去工作,因此就有机会受到教育和专门训练,这种长期的学习和培养,对于——举例来说——医学和法律这样一类的专门职业是不可缺少的。总而言之,由于拥有财产收益,就可以下本钱来培养个人能力,从而又创造了赚钱能力。这样,拥有大笔财产收益的幸运儿不仅因此而拥有他们不幸的同胞所没有的收入来源,而且也因此而能够得到训练和资格,这种训练和资格,在他们从事工作之后，能够使他们的工作比别人的工作更加值钱。得自财产的收入的不平等分配，造成了整个收入分配不平等的现象，这不仅是由于前者本身的存在而直接造成的，也是由于前者对其他收入的影响而间接造成的。

上述一切不过是我们要讨论的主要问题——收入分配的全面情况——的开场白。我国这方面的实际情况如何？经常有人提出估计数字。收入高的，是根据所得税局发表的材料；收入低的，是根据工资统计材料和其他更加难得的材料。最近的一次估计数字是柯林·克拉克(Colin Clark)先生整理的，列表如下：

收入分配[①]

收入	人数(千)	收入(百万镑)
10,000 镑以上	10	221
2,000—10,000 镑	100	378
1,000—2,000 镑	199	237
500—1,000 镑	508	312
250—500 镑	1,527	404
250 镑以上	2,344	1,522
125—250 镑	4,925	980
125 镑以下	11,600	1,170
总计	18,869	3,702

这张表上所列的数字是个人收入的数字，不是社团收入的数字，也不包括失业津贴在内。从上栏末端，我们可以看到，在个人

① 克拉克编：《1936 年大不列颠经济地位》，载《伦敦和剑桥备忘录》(*London and Cambridge Memorandum*)，第 42 页表中所列总数包括战时公债利息收入。这对我们要说明的问题来说，是应该列入的，不过，由于这种收入属转手性质，在估计纯“社会”收入时就不该计算在内了。

收入者当中，12%的人所得收入占整个国民收入40%；而在下栏末端，又可以看到有60%的人所得收入一年不到125镑，也就是说每星期只有2镑8先令。要说清楚这些数字的含意，我们也碰到了在资本数字上所碰到的同样的，而且是更加严重的困难。这些数字所指的收入是个人的收入。收入不满125镑一年的60%的人当中，有一部分是妇女和儿童。而我们要知道的，是收入按户分配的情况，最好是在家庭人口不等，成分不同的家庭中间按户分配的情况。就家庭人口相似的某一类家庭来说，最重要的是这笔收入的总数有多少，而不是这笔收入是靠男人独力一笔赚来的，还是靠夫妇两人，甚至还加上两个子女共同分几笔赚得的。因此，仅仅知道不同大小的个人收入的数字，我们还不能画出一张家庭收入的统计表。我们最需要的材料目前就只能暂付阙如。尽管如此，克拉克先生的统计表至少表明了，就收入而论（正如就财产而论一样，虽则没有那么明显），有很大的比例是集中在比例很小的一些人的身上；而很大比例的人，不论以人头计还是以家庭计，只得到很小的收入。当然，我所引用的数字是指纳税前的收入，不是指纳了所得税以后剩下的收入。大家都知道，在我国，对收入高的人征收的所得税和附加税是累进的，最高每镑达10先令之多。因此，很明显，能供花费的收入——纳税后收入——远不如纳税前收入那样高度集中。但是，同样很明显，即使在纳税后的收入中，集中程度也是很高的，分配不平等也是悬殊的。

克拉克先生下面关于“国民收入和支出”（National Income and Outlay）的一段话进一步说明了这个问题：“1935年的国税和地方税的真正作用可以说是以社会服务的形式把9,100万镑富人的钱重新分配给穷人(另外还有从工人阶级征收的税款提供的社会服务)。富人所付的6亿8,500万镑直接税和间接税中,有2亿6,300万镑用于对他们自己有好处的社会服务,9,100万镑按上述方式重新分配,余下3亿3,100万镑抵付全部行政费用和其他各项税收所不敷开支的社会救济费用。”①

由于纳税后所得收入分配的不公平,大批大批的生产资源被用来满足富人的挥霍——为他们提供豪华的汽车、漂亮的房屋、时髦的衣着等等;而大批大批的人们却食不得饱,衣不得暖,没有适当的居住条件,不能享受充分的教育。生产资源在必不可少的和锦上添花的东西之间分配不当,当然并不如有时候人们不加深究就认为的那样,是人民中间收入分配不平等这一弊害所造成的又一种弊害。它是从不同角度看到的同一弊害。尽管如此,它仍然是一种实际存在而且极其重要的弊害。收入分配普遍不平等之所以成为一种弊害,是因为它造成了资源的浪费,也就是说,资源被用来满足不迫切的需要,而不是去满足更迫切的需要。显然,这是一种非常严重的弊害。尤其严重的是它对青年的影响;因为,既然贫困使穷人子女得不到充分的营养和受教育的机会,这就削弱了他们日后赚钱的能力,从而使他们永世摆脱不了贫困。因此,这一代人的收入分配不平等不仅本身是一种弊害,而且也是下一代人不平等的原因。这些考虑有力地说明了为什么需要实行某种改革来促进平等,不过,这种改革必须不会带来任何同我们所反对的弊害同样严重的新弊害。

① 克拉克编:《1936年大不列颠经济地位》,第148页。

那么究竟需要实行哪样一种改革呢？首先当然是，对大宗财产以比目前更大的累进率来征收遗产税。还有意大利经济学家芮格那诺(Rignano)主张的，对第二次以后的继承要比第一次继承征收更重的遗产税。道尔顿(Dalton)博士则对这项计划提出了巧妙的修正。他的方案是，在遗产继承时，除了要征收目前形式的遗产税以外还要征收第二项税，而继承人在付出这笔税款以后可以得到一笔年金，在他在世期间逐年支取，直到死亡为止，为数大略等于他根据第二项税所付的税款所能产生的利息收入。这样的措施，由于减少了财产所有权不平等，会间接减少纳税前收入的不平等，而后者当然意味着也减少了纳税后收入的不平等。其次，所得税也可以更高的累进率来征收。这虽然对纳税前收入没有直接影响，却显然会减少纳税后收入的不平等。但是，由于大笔的纳税后收入会促进财产的积累，而财产的积累又会产生收入，对富人征收重税也很可能限制财产的积累，从而使纳税前收入的不平等程度也有所减轻，从而以双重方式限制了纳税后的收入。再次，以对富人征税所得来补助那些主要供穷人购买的东西的生产。这种转移收入的方法是一种间接的方法，但是就某些东西，例如房屋和牛奶来说，这个方法是很有效的，因为像房屋和牛奶这种东西，需要的程度超过了购买的能力。最后，国家举办的社会服务事业可以大大地扩充和改进，特别是在增强青年的体质和培养他们的智力方面。韦伯夫妇关于苏联共产主义的报道中描述了这方面可能做到的种种，颇堪令人羡慕。他们谈到俄国为了“改造人”而进行的巨大努力。在工厂里，工人自己也和他们工作的对象一样是改造的材料。在保健事业、医药研究、婴儿保育工作方面都做了许多热情的努力。对产妇的福利,其优待的程度是举世无匹的。有训练的医生的数目也有大量的增加。在普及实现青年教育方面也做了很大的努力;对每个人教育都是免费的,而且不问父母的地位或收入,子女都在同样的学校里受教育。对于体育和户外活动,对于设立和广泛利用博物馆、剧院、音乐厅,也养成了一种风尚,这在俄国完全是一种新的风尚。如果在我国也进一步实现这样的政策(当然,资本主义结构本身并没有任何东西妨碍这种政策的实现),那么,在双管齐下的情况下,纳税后的收入会更加平等化。一方面,穷人在社会服务项下得到的好处,从实际效果上来说,等于是把实际收入转移给他们。另一方面,由于受到了社会服务事业的好处,他们的能力提高了,这也会使他们不久就能赚到比以前更多的纳税前纯收入。

在补救收入不平等现象的办法中,我没有提到社会主义,没有提到消灭利润、生产手段收归公有、实行全面集中计划。我是不是应该提到社会主义呢?既然鼓吹社会主义的人,主要立论根据在于不平等这一弊害,似乎我是应该提到社会主义了。似乎社会主义一定是消除不平等现象的对症下药而且有明效大验的办法了。但是,这里我们遇到了一个自相矛盾的问题。如果实行社会主义要没收私人的生产手段,那么,国家一下子就能到手相当于全国总收入 1/3 的收入,这 1/3,我们已经知道,目前是在富人手中的。不论国家决定把这笔收入掌握在自己手中,还是重新分配给穷人,目前个人收入不平等的现象肯定会大大减少。可是社会主义的公开鼓吹者——至少在我国——并不主张用没收的办法实行社会主义。他们主张按公平的估价向生产手段的目前所有者赎买生产手

段;他们主张政府发给这些人证券,这种证券的利息,在考虑到风险减少而打了相当的折扣以后,大致相当于这些私人所有者目前从他们的财产得到的收入。换言之,除了次要的改变以外,实行社会主义以后,人与人之间的收入分配情况同实行社会主义以前完全一样。道尔顿博士在其《英国实际可行的社会主义》(*Practical Socialism for Britain*)一书中毫不含糊地这么告诉我们说:"第一步行动对平等不会有什么直接贡献,因为同时并不采取没收私人财产权的任何行动,而只是改变这种权利的形式。"[1]当然,他的话还没有完。他接下去建议,在完成了第一步行动以后,应该大力利用财政手段——以更高的累进率征收所得税并且改革遗产税。这些措施虽是工党纲领的一部分,但是肯定不是符合上述韦伯夫妇和摩里逊先生所一致同意的定义的社会主义的一部分。因此,就我们目前的讨论来说,这是题外的问题。我们的问题不是工党的纲领能在多大程度上消除收入不平等现象,而是实行社会主义对此会有多大影响。根据第一眼的印象,答案是,按照工党主张实行的那样来实行社会主义,对收入分配就不会有任何影响。这就是我们所说的自相矛盾的问题。

不过,当然,这种第一眼印象只有一部分是对的。按照工党所建议的方式实行社会主义,在当时当地固然不会直接影响分配。但是,社会主义既已确立,这一事实就会在以后间接发生影响。如果付给被没收的所有者的赔偿是用有一定期限的年金方式给予的,那么在年金满期的时候,就会发生影响。除此以外,最明显的

① 道尔顿:《英国实际可行的社会主义》,第 327 页。

发生影响的方式是以领取薪金的经理人员代替私人企业家，以定息领取者代替原来的股票持有人。因为，这将意味着，从此以后，工业的责任、亏本的风险，或者赚钱的可能，都将由私人的身上转到以国家为代表的整个社会身上。在目前的工业组织制度下，办事业失败要赔本，而成功则赚大钱，有时是由于有特殊的组织能力，有时是由于做生意的本领胜过别人，有时是纯粹碰运气。在社会化的工业组织形式下，就没有这样赚钱的余地。这样赚钱而得到的大笔——有时是庞大的——收入就不再存在。在这个意义上来说，财富和收入分配就会显著地减少其不平等程度。这不是一件小事。因为，正如福克斯威尔(Foxwell)一度所指出的，“使得新财富的获得在公平的情况下发生，比重新分配已经取得的财富，是一件重要得多，也容易实行得多的事情”[①]。

这还不是全部。乍看之下，我在上面提到的，以高度累进率征收所得税和遗产税来直接消除不平等现象，这种方法似乎同社会主义完全不相干，而且在目前经济制度下实行也能够取得同样良好的效果。但是，社会主义者说得不错，事实不是如此。我并不是说，在目前制度下，要实行这些措施在**政治上**是行不通的。社会主义者是不承认这种说法的，至少，打算用和平手段实现他们的理想的社会主义者是不能承认这种说法的。因为反对对资本主义进行改革的既得利益集团和习惯势力肯定不见得比反对以社会主义代替资本主义的势力强。我的意思是指比这微妙的方面。在目前制

---

① 门格尔：《享有劳动全部产物的权利》(*Right to the Whole Produce of Labour*)一书序言，第 CX 页。

度下，使用这种财政手段是有一定限度的，由于人们担心，这种手段如果使用过分，我国投资于国内的资本，其积累可能受到限制；因为目前提供大部分资本的人，其投资能力和投资兴趣都将下降。而其后果是——常常有人这么说，而事实也的确如此——有钱人被搞穷了，总收入减少得更多，穷人到头来日子非但没好起来，反而吃了亏。尽管这种论点在有钱人中间比在穷人中间流行，它还是有些道理的。对大笔收入课以重税，在某种程度上可能限制投在国内的资本的积累。即使国家把这种税收用于投资，而不是转移给穷人，这些税收还是可能间接地在最后起限制作用。此外，不管有无道理，这种论点肯定是有说服力的。因此，在现行经济组织制度下，它是一种实际的力量，阻碍人们采取财政手段来消除财富和收入不平等现象。不过，一旦实行了社会主义，这整个论点就不存在了。资本的积累由国家直接负责。就不再需要依靠私人的投资能力和投资兴趣了。当然，如果他们愿意，他们可以按一定利率借贷给政府。事实上，在俄国，有些工业资金就是通过认购公债而取得的。但是再也没有必要仰仗他们了。国家有权在任何收入分配给个人之前拿来充基本建设之用。因此，全面社会主义的实现，一方面在某种程度上减轻了纳税前收入不平等的现象，同时也使得在支出纳税前收入的时候，能够比现在更加有力地贯彻使纳税后收入平等化的措施。尽管社会主义计划当局允许它的公民可以自由选择职业，只依靠报酬额的不同来保证各项工作能有适合需要的人数，也还是可以做到这一点。如果它采取了强制手段，那它的自由就更大了。它可以自由选择：或者给予人人平等的待遇，或者按照家庭需要加以调整，而不必担心对资本积累有任何间接影响。这样,上述自相矛盾的现象就会自动消失,主张以社会主义来消除人与人之间分配不平等现象的论点,现在比起我们上面讨论时来看,就有力得多了。

第三章　生产资源的配置

社会主义鼓吹者在提出他们的建设性建议之前，之所以先要对现行经济制度做一番攻击，还有另外一个目的。我们在上一章中谈到人民中间财富和收入的分配。在本章中，我们要谈一谈各种工业之间生产资源的配置。社会主义者声称，这种配置极其浪费而且没有效率。为了消除这种浪费和没有效率的现象，目前西方国家中支配配置的盲目势力必须打倒，而代之以集中计划的制度。

在讨论对现行制度的这种攻击时，我们必须说明两点。首先，这种攻击并没有说，在现行制度下，哪些工业部门是经营得十分浪费的，或者在技术上是没有效率的。这个问题我们将在第五章中加以研究。我们现在要讨论的所谓浪费和没有效率是指在各种不同的工业之间配置生产资源方面的浪费和没有效率。其次，社会主义者说资本主义制度下资源配置浪费和没有效率，他们往往是指资源被用来满足富人的享受，而穷人的生活却极端困苦而言。我在第二章中已经阐明，此之所谓浪费和没有效率并不是收入分配不平等这一弊害以外的又一种弊害，而只是从不同角度所看到的同一种弊害。就这个意义来说，这个问题已经讨论过了。这里不必再加申论。我们现在要讨论的攻击是：在资本主义制度下，假设收入在人民中间的分配业已确定，生产资源在不同用途上（亦即在不同工业之间）的配置并不能与这种分配相“适应”。

在弄清楚按现有收入分配而言，怎样配置才算是“适应”之前，我们无法判断这一攻击是否正确。“适应”与否，不是一个简单的概念。在本章中，为了便于说明，我将以一个极度简化的标本世界为例。假定在这样的一个世界里，每种生产资源（各种各样的劳动力、资本工具手段、土地）的数量都是固定的，而且都是永久存在的，因此就没有损耗或折旧的问题；而且，要增加其中任何一项的数量也都是实际所办不到的。再假定制造消费品和把消费品（显然，在假定的情况下，唯一在生产的商品只有消费品）送到消费者的手中这两个过程是同时发生的，因此就无所谓周转资本（在产品）和流动资本（放在仓库里的产成品）之分。当然，对这样标本世界的研究是有局限性的，不久就需要做一些补充。

要是人人的货币收入相等，他们的爱好和需要也完全一样，那么，生产资源怎样配置才算与收入分配相“适应”是不会有什么问题的。且设想有这么一个制度，在这个制度之下，每一种资源配置的结果是，它在任何一种用途中所生产的最后一个单位的物质产品，其货币价值与它在任何其他用途中所生产的最后一个单位的物质产品相等。用专门术语来说，这就是这样一个制度，在这个制度下，每一种资源的边际纯产品的价值到处相等。如果要实行任何其他方式的配置，那么就可以在改变配置方式后，使得有一些单位资源所生产的产品，人们愿意为之付出的货币收入，大于他们购买实际在生产的产品时所愿意付出的货币收入。人人的爱好和收入既然相同，这就意味着改变后的资源配置，比原来的配置，更受

人欢迎，因此所产生的总满足，大概也比原来的配置为大。由此推论，造成边际纯产品的价值到处相等的那种配置方式，就是会产生最大限度的总满足的配置方式，因此也毫无疑问就是与收入分配相“适应”的配置方式。

在实际生活中，人们的收入、爱好、需要都是各不相同的，显然，资源按上述原则配置不会产生最大限度的满足。因为价值一镑的满足，对于一个穷人或一个敏感的人来说，它所引起的满足并不就等于对一个富人或一个不敏感的人所引起的满足。换句话说，货币的边际效用因人而异，因此，即使随便哪一种边际单位的资源在随便哪一种用途中都能生产出同等价值的产品，仅仅这个事实也并不意味着它就能产生同等程度的满足。的确，可能有人以为，这种配置方式会产生按货币收入实际分配情况所能得到的最大限度的满足，而只要收入分配情况没有发生变化，资源配置怎么改变都不可能增加总满足的程度。但是，事实并非如此。显然，在一个既有富人又有穷人的社会里，资源由制造香槟酒转而制造面包，一定会增加总满足的程度，虽然这会使制造面包的资源比制造香槟酒的资源所具有的边际产品价值要低。因此，乍看之下似乎是在一个收入相等、不分穷富的社会中能产生最大限度的满足的那种资源配置方式，同实际社会中的最大限度的满足没有什么特殊关系。但是，实际情况却又不是如此。固然，为了有利于穷人，改变这种配置的方式，能够增加总满足的程度，但是**很可能**，任意改变，也就是运用垄断力量来改变，会减低总满足的程度，因此，“最好”还是接受这种配置方式，而不要让任何偶然的因素引起改变。在这个有限的范围之内，我们很可以称上述配置方式是同现

有货币收入分配情况相“适应”的配置，或者是理想的配置。我们现在要讨论的那种对资本主义的攻击是：在资本主义制度下，生产资源的配置方式距离这一理想很远。

资本主义制度如能具备某些条件，那么没有很大困难就可以说明，这种制度下利己心自由起作用的结果往往会造成“理想的”配置；因此，尽管因为有彼此倾轧和互不了解，这种配置方式不能完全实现，但是实际达到的境界将丝毫不亚于人们所能合理期望的境界。这些必要的条件是：(一)任何工业都不需要有本身以外的开支，或者授人以它自己得不到报酬的利益，用专门术语来说，也就是边际单独生产成本和边际社会生产成本到处都是一样。(二)完全竞争条件到处存在。这就是说：1. 任何人都不能施行不论何种程度的垄断力量；2. 从事竞争性的广告宣传得不到什么好处。具备了这样的条件以后，在资本主义制度下，怎样实现“理想的”配置，就不难了解了。在利己心的推动下，每一种生产资源都会从报酬较低的地方或行业转移到报酬较高的地方或行业中去。因而每一种资源的租用价格就会到处都相同。此外，从个别企业家的角度来说(他们每个人所使用的每一种资源都只占一小部分)，租用价格的确定是同他个人如何经营没有关系的(当然，同该行业全体企业家合在一起如何经营是不能没有关系的)。因此，任何工业中，每个企业家在使用生产资源时，如果能使得每种资源的需求价格(这是从产品的需求价格推算出来的)刚好能同每一单位的资源的租用价格相平衡，他就有利可图。但是，既然每种资源的每一单位租用价格到处都相同，那么每一工业使用各种资源的数量，如果能做到使这些资源最后一单位所生产的具体产品同用在

任何其他工业上的这种资源最后一单位所生产的具体产品产生同等的货币价值，这一工业也就有利可图。换句话说，生产资源按照我所说的“理想的”方式来配置，企业家是有利可图的。

在实际生活中，远远谈不上具备上述条件。在有些工业中，雇主们发现，如果所使用的生产资源数量大于“理想的”配置额的话，对他们反而有利，因为一部分实际上应该属于他们那一行业的成本被转嫁到别人身上了。销售酒精饮料而必须增设警察的额外开支就是一个例子。这就是说，他们用来同需求价格相平衡的成本低于真正的边际社会成本。相反，在有些工业中，雇主们发现，使用生产资源少于“理想”配置额时对他们有利，因为他们那一行业使公众得到的一部分好处，由于技术上的原因，是不能索取费用的。正是因为这个缘故，建筑和维持灯塔的工作从来没有交给私营企业去做过。此外，在有些工业中，普遍扩大规模会造成另外的经济问题：要进行划算的大规模生产，就得有足够数量的机器。在这些工业中，一家工厂所使用的达到边际单位的资源能间接地使其他各工厂所使用的这种资源的利用率也为之提高。这样，一家工厂进行扩充，就能使公众得到间接的好处。但是，由于这种间接好处对于那家工厂本身并不能增加同等的额外报酬，因此，对这家工厂的营业方针就不会有什么影响。结果是，这些工业所使用的生产资源，数量也往往过少。

在资本主义制度下，资源配置不当还因为在某些工业中，有垄断力量在起作用。大家都知道，这种力量在现代条件下势力很广。凡是存在垄断力量的地方，掌权的人能够为了他们的利益人为地把价格抬高到超过他们应得的正常报酬率以上。这不仅仅意味着

他们强使收入从顾客那里转移到自己那里(如果仅止于此,各行业之间资源配置倒还不受影响),而且还意味着,为了要得到高价,垄断资本家会压低产量;这反过来又意味着,他把他本工业中所使用的资源的数量压低到如果资源配置“合乎理想”就会被使用的数量以下。因此,剩余的资源如果不用在其边际产品价值低于被垄断工业的工业中,就必然闲置不用。垄断化的这一后果是大家所熟知的,也曾引起广泛的讨论。我本人也曾在《福利经济学》一书中做过详尽的研究。这种由于垄断化的后果而致“理想的”资源配置未能实现的事实,造成了我们现在所说的人量浪费和没有效率的现象。

此外,在资本主义制度下,由于它事实上只是一种不完全竞争的制度,每年有很大数量的资源用在这种或者那种的广告上。这种开支有一部分用来告诉未来的顾客哪里可以买到他们要买的东西;好像运输系统所起的作用一样,这实际上也起了把商品送到有需要的地方去这一工具的作用。但是这种开支有很大一部分完全是用来从事竞争的。史密斯大做广告,实际上是自夸他的产品比勃朗的好,勃朗反过来自夸比史密斯的好。双方的自夸互相抵销,结果是纯粹浪费,不产生任何效果,正如军备竞赛结果没有改变两个敌对国家的相对实力,其开支是纯粹浪费一样。在(广义的)广告上的开支中有一大部分是用来劝说人们购买他们并不真正需要的东西,或者诱使他们赶时髦,比如说,丢弃还没有破旧只因为宣传而过时的衣服。这种开支的最终目的是毫无道理地改变人们的爱好,大部分也是纯粹浪费——是一种全不生产任何结果的资源配置。在完全竞争的条件下,这种种浪费是不会存在的。但是在

实际的资本主义制度下,这种种浪费却是很大的,从而使得生产资源的配置离“理想”更远。

这种结果因为下面的理由而更显得重要,除了这种结果本身之外,社会主义的反对者可以振振有词地说:“你们反对现行经济制度的主要理由是,在这个制度之下,收入极其不平等,因此富人能够把应该用来满足穷人生活需要的资源用在满足自己的享受上。我们姑且承认这是事实。但是,难道不能用对症下药的办法来克服这个弊害吗?你可以实行这样的政策:通过累进所得税和遗产税来减低大笔收入,同时又扩大社会服务,以补贴的办法减轻穷人生活用品的费用,甚至实行家庭津贴等在实际上增加穷人的收入。难道这些办法不能克服这个弊害吗?如果你这样做了,资本主义制度下的利己心的作用就会导使生产资源纳入你希望它们进入的轨道——去满足真正的需要,而不是去满足享受。这样还有什么不够的呢?既然你能够用容易得多的办法取得实际结果,为什么要采取像到处以生产资料的公有制代替私有制、取消利润、实行集中计划那样一些风险极大而效果可疑的措施呢?”关于这个问题,社会主义者的答复,一部分在第二章中已有阐明:在资本主义制度下,要像在社会主义制度下那样彻底实行分配平均化的措施,是行不通的。但是我们目前讨论的这个论点本身也提供了一个进一步的答复。根据这个论点,社会主义鼓吹者可以这么回答:“即使我们通过财政手段和其他手段终于使得一切收入(家庭人口不等的情况撇开不谈)完全相等,仅仅靠这一点,我们仍不能确保全国的生产资源用在最最恰当的用途上。资本主义制度仍不能恰当地配置生产资源。毫无疑问,收入平均化以后,生产资源的配置

会比现在令人满意得多。但是距离它可能达到的和应该达到的标准,还差得很远。通过收入平均化的政策,能够达到一部分理想的目标。但是,即使如此,在资本主义制度下,这种理想目标有很大部分还是达不到的。要完全达到,除了生产手段的公有制和集中计划之外,别无他法。”我们现在且来考察一下这个论点。

我们先来看看由于我所称的社会成本和私人成本之间的差额所造成的缺点。在原则上,这一点是很明白的:在资本主义制度下,这种毛病可以用设计恰当的补助金与征税的办法来加以纠正——凡是边际私人成本超过边际社会成本的东西,予以补助金;凡是边际社会成本超过边际私人成本的课以捐税。但是确定恰当的补助金与课税的标准,实际上有很大困难。要做出一个合乎科学的决定,几乎完全没有必要的材料可以作为根据。举例来说,啤酒的生产造成了增设警察的必要,我们怎么能确定啤酒的边际社会成本(用金钱来衡量)超过边际私人成本到什么程度呢?同样一家工厂由于煤烟而增加了公众在洗涤和打扫方面的费用,我们又怎样来给它计算边际社会成本超过边际私人成本的程度呢?反过来说,我们又怎样来计算植树造林对气候可能会造成的间接利益呢?或者,怎样来计算,在某些工业中,产量的增加对改进组织,从而对降低平均成本可能会造成的间接利益呢?显然,困难太大了,以致就我所知,在资本主义制度下还没有人尝试过要利用补助金与征税的办法来进行上述这种调整。到今天为止,这方面的建议仅仅见诸经济学家的著作,即使他们也没有从事过定量研究,而这种研究正是在把他们的建议付诸实施之前所必须进行的。上述种种都毋庸否认,也许,在这一方面,这就已经证明了资本主义的破

产。但是,反过来看看社会主义又怎么样呢?一个集中计划当局,要得到从事这种计算所必需的材料,并不比一个资本主义国家的政府更容易一些。假定它在消费者的出价和某一工业自己的私人成本的指引下,使得这个工业的供应完全符合需求的话,那么,它所处的地位就同一个资本主义国家在一个做了同样调整的工业面前所处的地位完全一样。而如果要使这种调整做进一步的改进的话,它所处的地位固然不比后者为差,也不比后者更强。因为要做改进的话,光有意志是不够的,还得有知识。而有关的知识我们目前却还没有掌握。至于将来是否能获得这种知识,在某一个制度之下也并不比在另一个制度之下更有把握。因此,在资本主义制度下,各行业间资源配置从私人成本和社会成本之间存在距离这点看来固然确有毛病,但是社会主义是否能治好这种毛病,也颇可怀疑。因此,现行制度下存在着这种毛病,对于我们选择这个制度还是另一个制度,并无什么影响。

垄断所包藏的弊害久已为人所共知。由于这种种弊害,没有人会真的反对,处于垄断性极强的地位的工业,特别是提供所谓公共服务的运输、自来水、煤气、电力等工业,即使交由私人经营的话,为了公众利益,也必须受公共当局的监督。控制和监督都是实际可行的,而且实际上现在许多方面都已经在实行。因此,在资本主义制度下,有垄断化危险的各行业间生产资源配置不当的现象已得到某种程度的防止。但是实际经验表明,这种控制和监督经常是软弱无效的。因此,主张把公有和公营的范围扩大到还没有实行公有公营的工业中去的意见,就有了一个表面上看来似乎很有力的理由。同样,主张把公有公营扩大到在做竞争性的广告方面浪费特别大的工业中去的观点，也有了一个表面上看来很有力的理由。

然而，很明显，资本主义和全面的社会主义孰优孰劣并不能在这一点上就决定胜负。因为，在有些工业中实行有效的控制和监督要比其他工业容易得多。在有些国家内、某种政体下，对任何工业实行控制和监督，也比在其他国家内、其他政体下要容易得多。的确，即使其他条件相等，也还有一个理由反对控制和监督。因为，控制如果要有效，控制当局对于被控制的工业必须掌握详尽的材料，必须保持经常的监督。要是控制和经营合而为一，像在社会主义制度下那样，而不是在一个被控制的机构之上再添设一个控制机构，那么开支的增加、工作的重叠，尤其是彼此间的摩擦，不是可以免去了吗？到目前为止，这一考虑为扩大社会化范围的主张提供了一个充分有力的论据。但是，这样做，同以集中计划的全面社会主义来代替现行制度，还并不就是一回事。

第四章　失业问题

我们现在要讨论许多有资格人士认为是资本主义经济制度最严重的一个弊害，对这个弊害的痛恨给了社会主义改造以最有力的推动。在一个仍然存在大量贫困和痛苦的世界里，生产的机器却还要经常停顿下来。在停顿的时期，大量机器闲置不用；而尤其重要的是，还有大量工人赋闲没事干，他们希望得到工作和工资，但是由于并不属于他们本身的过失，却不能找到工作。这种情况是一种极其荒谬的现象。有一部分人得不到想要的东西，可是另一部分人（很可能就是那一部分人）却找不到可能生产这些东西的工作！而且这种现象并不是微不足道的，有时候还是极其严重的。在最近这次大萧条最严重的时候，我国几乎有 300 万人失业，而我国拥有社会保险的总人数不过 1,200 万多一点（农业工人和家庭佣仆没有社会保险）。此外，这种现象并不是像地震或其他天灾所造成的后果那样罕见的意外事件。这种现象经常发生，发生的频率也是有规律的，每十年预期就会发生一次，或者一次以上。显然，以这种弊害为特征的制度，一定会遭到反对者的严重非难。社会主义者声称，这种弊害是实行利润经济的必然结果；只要资本主义继续存在一天，就无法消灭，虽然可能暂时减轻；但是，一旦实行了社会主义集中计划，就可以根除了。

许多人认为，苏联最近的经验已经证实了社会主义集中计划能够消灭失业现象——由于更换工作所必然引起的暂时零星失业现象除外——的说法。在1929年开始的经济萧条期间，当资本主义国家就业人数惨跌的时候，当英国和德国的官方失业数字分别达到300万和600万，而美国的估计数字超过了1,300万的时候，苏联却没有这里所习见的那种普遍缺工作做的现象，相反，却有显著的缺乏劳动力的现象。不过，这种从经验来的论据不是很有说服力的；因为在这些年代中，苏联政府正在实行1928年开始的五年计划，大力建设国家，对固定资本的建设进行了大量的投资，实际经验表明，这种事情总是会带来普遍繁荣的。要是一个资本主义国家实行同样的政策，或者卷入一场大规模的战争——那样会有类似的结果——之中，那就没有什么疑问，失业人数也会降低到几乎不存在的程度。因此之故，苏联目前的情况并不能够使我们可以说，社会主义能够在正常的时候消灭失业现象；虽然苏联的情况表明了，在社会主义制度下，正如在资本主义制度下一样，在投资量之大超乎寻常的时期中，很少有失业现象。而且，当然，即使在苏联，也没有人说，就永远不会出现“正常的时候”，或者认为，五年计划将一个接着一个无休无止地实行下去。因此，要想这样轻而易举解决我们的问题，是谈不上的，我们必须依靠分析。要充分讨论失业问题，至少可写厚厚的一本书。这不是我在这里能做到的事情。我所能够做的，只不过是做一些区别，并提出一些主要考虑，请大家注意。

我们不妨假定，在一个完全处在静止状态的国家里，人数、爱好、技术、资本设备的数量都不变，那么工资标准就可以按生产率

来加以调整，不论是在资本主义制度下或社会主义制度下，都永远不会有失业问题。因此，不论是在哪个制度下存在的失业现象就一定同以下这个事实有关，即在实际生活中，情况不是静止不动的，相反，是在不断的变动之中。这种变动有两种主要形式。一种是相对的变动，诸如（举例来说）由于人们对一样东西的爱好转变到另一样东西上，由于某地的矿藏已采完而在其他地方又开了新矿等情况而产生的变动。一种是绝对的变动，这种绝对的变动在资本主义制度下表现为，一个国家的大部分工业在同一时候处在同样程度的普遍景气或普遍萧条之中。在资本主义制度下，这两种形式的变动都是同失业有关的。但是，为了比较社会主义和资本主义的优劣，它们各有完全不同的特点。

相对的变动与失业有关，一部分原因是，所有的变动都要花时间，在这个时间里，凡在变动中的人必然要失业。例如，如果人人都一年变换一次职业，每次变换历时三天的话，那么这就会造成大约1%的平均失业量。不过，当然，在实际生活中，一个人受了一种行业的训练，不可能由于需求改变而很快地改换行业；一个人在一个地方安家落户以后，是不愿意很快又搬到另一个地方去的，即使那里给他的工作同他原来的工作完全相同。只要存在这种惰性，在某些工业部门中或者在同一工业的几个中心地区，到相对萧条时期就往往会有一些多余的人，按现行工资标准是超过需要的。既然有些工业部门和工业地区总是发生相对萧条，因此，除非工资能够不受限制地升降以适应整个的萧条时期，否则，总有一些工业部门和工业地区会有人失业。至于同爱好、技术等相对的变动有关的失业，在现行资本主义制度下，在整个失业问题中不是一个非常重要的部分。而且,既然社会主义不能防止各工业部门和各工业地区中发生占一定时间的变动,那么可以肯定地说,社会主义也无法完全消灭失业。因此,为了便于说明我目前的论点,我打算撇开这种失业不谈,而集中注意同那些表现在景气或萧条中的绝对的变动有关的失业。不过,必须记住,在制造消费品的工业和制造资本品的工业之间的相对的变动,往往并不是单独发生的,而是作为这种绝对变动的一部分发生的。

现在大家一致的看法是,工业活动方面大规模的绝对变动往往决定于从事制造资本品的人投资态度的改变。这种态度的改变可能由于各种各样的原因,有的是因为实际情况,有的是因为心理状态。正如熊彼特(Schumpter)教授所说,少数商界领袖——真正的企业家——隔一些时候便做出一些要开办新型企业,或者应用新发明或新方法的决定,由于他们的事业心的冲动,才推动别人也相继效法。这些决定在时间上并不是很均匀地定期出现的,而是“如果出现的话,是时多时少,一窝蜂似的出现的”[①],原因如何,很少有人知道。造成资本品制造工业的生产时而扩大、时而收缩的那种冲动,不论其性质如何,这种扩大或收缩在现代资本主义制度下,都会使从事这种工业的人们的货币收入随之上下波动。这就造成了对其他工业产品的货币需求的波动,而在其他工业中也造成了扩大或收缩。这样,上下波动就变得普遍化了。这种波动,不论是始发性的还是派生性的,都会造成对劳动力的货币需求的大幅度波动。此外,在现代世界中,特别是在英国,货币工资标准

① 熊彼特:《企业发展理论》(*The Theory of Business Development*),第 223 页。

是相当“固定的”,不能轻易升降。因此,货币需求的波动就影响到就业人数,货币需求上升,就业人数就增加;货币需求下降,就业人数就减少。在从事制造资本品的劳动力数量增加的时期,那里所需要的额外劳动力,哪怕只是一部分,也不会是从制造消费品的工业转移过来的;相反,制造消费品的工业的劳动力也在增加。而在收缩的时候,情况也是如此。这是事实,虽然也确实是一种矛盾。扩大和收缩的幅度越大,平均失业量也显然越大。以上所说的一切,大家的意见是一致的,我在下面将把它当作已被肯定的前提。从这个前提出发,我们就必须研究一下,究竟有什么根据,可以认为:假设一般情况相同,在社会主义集中计划下,平均失业量要比资本主义制度下为小。

我们先解决一个枝节问题,这个问题虽然同我们的问题并不直接有关,却是很有启发性的。在同社会主义集中计划比较的时候,要是资本主义是一种纯粹自由放任的资本主义,国家严格地不过问经济。那么,很容易就可以看出,在资本主义社会下,人们远不如在社会主义制度下关心防止工业波动和由此产生的失业现象,因此,为此做出的努力也要少得多。具体说来,道理大体如下:如果花在工业上的人力上下波动,是指在某一个时候劳动时间增加10%而在另一个时候劳动时间减少10%,或者说,在一个时候人人都有比另一个时候更多或更长的假期,那么,这种波动所造成的社会损失就会很少,甚至没有。工业的活动的周期性波动可能同白天工作黑夜睡觉的正常周转一样是无可非议的事。(但是)事实上,大家都知道,工业生产能量减少的时候,减少的方式往往是大批的人失业。这种失业可不是假期,这样来解除人们的工作负担是不会令人感到满意，也不会给人什么好处的。因此，由此而造成的生产损失，也就是人们可能制造的东西的损失，很少有什么补偿。所以，现代世界所常见的这种工业上的波动造成了很大的社会浪费。如果这种浪费是为了要取得某种（得失相抵以后还要）更大的利益而不得不付出的必要代价，正如从一个不够有利的情况转到一个比较有利的情况时不得不承受某种必要的浪费的话，那么一个社会主义国家就同一个资本主义国家一样，虽然要尽力减轻个人的困难，也必须承受这种代价。这样，也就没有理由认为，在这个制度下，对工业上的波动，也就是对失业现象，会比在另外一个制度下更加努力去解决。但是，实际情况却不是如此。在一个自由放任的资本主义国家里，直接造成工业上波动的那些决定大部分是由掌握工业的私人做出的。他们之中任何一个人在考虑他的企业究竟要扩大还是收缩，抑或是保持稳定状态的时候，他所权衡的只是他个人可能得到的利益和可能受到的损失。他的决定促成工业波动所造成的社会消费对他个人并不是一种损失。他解雇一个工人，这个工人后来是在别的地方找到了工作还是陷于失业，对他本人的收益并无影响。因此，工业上的波动所造成的社会损失并不是像我们上面所说的那样作为一种代价而（即为了更大的利益而完全值得付出的代价）同利益相对地来权衡的。而这种社会损失干脆就没有人理会。当然，在社会主义集中计划下，这种社会损失就不会受到忽视。承认这种社会损失会创造一种消灭失业的愿望，而在完全自由放任的资本主义制度下，就完全不会有这种愿望。因此，社会主义和完全自由放任的资本主义孰优孰劣，是没有疑问的。不过在实际生活中，我们的对象不是完全自由放任

的资本主义。除了私营工业以外，还有国家存在，而对国家来说，失业的社会浪费的确会造成一种损失。而且这是一种金钱上的损失；因为对失业工人及其家属不能任其饿死，供养他们的负担就有很大一部分要通过种种方式在国家经费中开支。这也是一种道德上的损失，需要承担一种道德上的义务，至少在我国，这种道德义务已不断得到广泛的承认。有鉴于此，消灭失业的愿望在一些资本主义社会里可能同在社会主义集中计划下一样强烈。因此，看来最好还是根据这种愿望在两个制度下大体相同这一假定条件来进行本书第 36 页上所说要做的研究。如果事实上，在社会主义制度下这一愿望更加强烈，那么我将做出的结论现在就得到了证实。

在这一点确定了以后，我的论证如下：首先，我请大家注意这一事实：在资本主义制度下，做决定的不止一个中心，而在集中的社会主义制度下，最后决定权是统一集中的。我要说明的是，在社会主义制度下，即使并没有有意识地要解决工业上的波动，这种统一集中也会自动地排除掉发生某些在资本主义制度下不利于工业稳定的事件的可能性。迄今为止，还说不上有什么有明效大验的"药方"来消除工业波动，并且从而消除失业现象。其次，我要大家来研究一下目前最时髦的两种"药方"，并且要提出这样一个问题：在一个统一集中的社会主义组织下，采取这两种办法，比在资本主义制度下，效力是大还是小？最后，我要谈谈社会主义国家可以采取的另外两种"药方"。这样分析的结果能够使我们在这个总的失业问题上得出一个初步的结论。

在资本主义制度下，虽然有些工业是完全托拉斯化的，在另外一些工业中却存在着大量的独立制造商。凡是这样的工业，每一个制造商都有一种倾向，比如，当他预见需求增加的时候，他往往不大注意到，他的竞争者也可能预见到。因此，这一工业的制造商都比他们在单一管理下统一起来的情况下容易在市场好的时候扩大生产，增雇工人；在市场不好的时候收缩生产，解雇工人。甚至在那些已经各自托拉斯化而互不相关的工业与工业之间，也存在着同样的倾向。在市场看好的时候，每一个托拉斯都容易只顾自己看好，而不想到别的托拉斯也可能看好，不想到由于它们的共同行动会使原料和劳动力价格立即上涨。在市场看跌的时候，也容易不想到相反的情况。而在全面社会主义制度之下，同一工业的全部生产中心，甚至全部的工业，都是在一个共同的中央机构管理之下。因此，就是不算谋求稳定的直接努力，在通常采取行动时也可以对所依据的材料有更好的通盘考虑，这就消除了在重大问题上做出错误估计的可能性（这种错误估计往往会扩大工业波动的幅度，从而间接扩大平均失业量）。这种对就业有利的条件，在任何统一组织之下都会自动出现，不管这种统一组织是社会主义的还是资本主义的。

现在谈谈第 38 页上提出的第二点研究。最时髦的解决失业问题的两种药方可以简单地归纳为“公共工程政策”和“货币政策”。前者的根本思想是，国家（还加上地方当局）用适当方式调整公共投资的数量，可以抵销私人投资数量变动的影响，从而能够稳定投资总量，或者在某种程度上有助于稳定投资总量。由于引起和带来一般工业活动的变动的是投资的变动，因此可以认为，稳定投资意味着稳定一切，并且进而消灭失业，因为失业是工业波动的产物。至于对付失业的货币政策的根本思想，按照许多鼓吹者的

想法，也是要影响投资量，不过这次是通过利率，或者更恰当地来说是通过各种利率——首先是通过短期利率，进而通过长期利率来产生影响；其理由也是：如果能够使投资量保持相当稳定，整个工业也就能稳定下来。在货币政策方面还有另外一种办法，不久就会谈到。不过目前我们姑且只谈谈刚刚说的这一种办法。

这两个政策，不论哪一个，如果完全贯彻到底，就会消灭绝对的（以区别于相对的）工业波动，进而消灭我们目前谈到的这种失业现象。因此，从理论上说来，这两个政策可以权衡它们在实行时要付出的社会代价的大小而选择其中之一个来实行。但是，在事实上这两个政策无论哪一个要单独贯彻都是不可能的。首先，我们来研究一下上述的公共工程政策。公共投资有一定增加，并不会自动造成总投资量也有同等增加，事实上它甚至不一定会造成任何增加。因为用于公共投资的资源很可能就是从原来私人投资上转移过来的。总投资量实际上的变化在很大程度上取决于各种利率受到什么影响，而后者又部分取决于银行系统采取哪种货币政策。中央银行方面如果采取通货紧缩的政策很可能使得公共工程扩大政策完全归于失败。因此，公共工程政策本身在范围和力量方面都是有限制的。货币政策的情况亦复如此。在实际生活中，它要作为单独的一项政策来完全而有效地贯彻也是办不到的。在有些情况下，银行系统所掌握的武器并不能防止投资收缩，除非有公共工程方面其他武器的增援配合。因为，银行系统虽然总是能够降低贴现率并且在市场上收购证券，这样来制造购买力，但是，它并不一定总是能够保证这种购买力能被实际使用。如果企业界信心处在最低潮，那么整个银行系统可能都无所作为，而不会

在投资方面起什么作用。所以这两个政策单独来说都是不够的，不过都有自己的作用。我们现在可以来分别研究一下，资本主义国家和社会主义国家实行这两个政策的能力各为如何。

在资本主义制度下，公共工程政策要能起到消除工业波动的作用，从而也起到消除失业现象的作用，有一个严重的限制。公共投资在一般的情况下只占整个投资中一个很小的比例。最近一个时期，它在我国只占 1/6 不到，虽然在 1931 年以前一个时期——当时各市政当局都在不断地进行住宅扩建工作——可能曾达1/3。此外，公共投资中有很大一部分是不能因为要求得工业上的稳定而随意变动的。例如，一项紧急的军备计划绝不能等到有了工业萧条的威胁时再来实行。不仅如此，在英国这样的国家里，没有统一的公共当局，中央政府和许多地方当局各自为政。中央政府不能强使这些地方当局实行公共工程政策，最多只能依靠财政上的诱导。所以，采取有效行动的可能性又多了一重限制。最后，一个资本主义国家的政府，要在市场不好的时候扩大就业范围，不能举办其产品要同私营企业直接竞争的企业。因为，要是政府这样做了的话，它固然会造成一些额外就业，但是其中却有一部分会被私人企业就业人数的减少所抵消。而且，即使所抵消掉的为数有限，既得利益集团的叫喊也会是很凶的，而在民主制度之下，这种呼喊也往往会产生影响。而在一个集中计划当局统一领导下的社会主义制度却没有这种种限制，因此，要有效地实行公共工程政策，也就处在一个有利得多的地位。

乍看之下，就货币政策来论，情况似乎也是如此。但是实际上却并不尽然。毫无疑问，在资本主义国家里，商业银行大多数是私

人开办的。至于中央银行，固然有时候（例如在英国）也是私人开办的，但是，实际上，它总是与国家有着密切的联系。毫无疑问，中央银行和国家发生政策上的矛盾也是可能的。但是在现代的条件下，至少在我国，这是不大可能的事。国家在迫不得已的情况下可以通过立法接管中央银行，而一点也不影响资本主义制度的主要结构。不过，控制中央银行实际上就是控制货币政策。因此，在实践中，资本主义国家就能根据自己的意志调节货币政策，在这方面，它与社会主义国家几乎具有同样的条件，至少是，能够使自己随时具有几乎同样的条件。所以，在这个问题上，社会主义虽然在表面上比资本主义条件好一些，实际上两者之间并没有多大的不同。

现在我来谈谈第38页上提出的第三点。我们必然会注意到，不论公共工程政策还是货币政策，根据我上面的阐释，它们的目的都是以稳定投资总量的办法，来达到稳定工业活动从而稳定就业情况的总的目的。但是，一定会发生这样的情况，要保持投资总量稳定所要花的代价和所造成的不便非常之大，以致任何国家，不论是社会主义国家还是资本主义国家都不敢贸然从事。在重整军备计划的刺激下，或者在举办一项大规模企业（例如建筑铁路）的刺激下，或者在决定迅速建立大规模重工业（例如俄国的五年计划）的刺激下，投资总量一定会大大扩大，其年度投资量会过大以致不能长期保持下去。此外，除了这些极端的例子以外，也不难想象，在利己心的作用能够随时调节投资量的时候，以国家有意识的干预来稳定投资，势必造成很大的经济损失。举例来说，在一场地震毁坏了一个很大地区以后，在一个短时期内扩大投资总量来恢复

所受到的损害，比之于为了保持投资稳定而不惜长期耽误恢复工作要更加符合社会利益。显然，在发生这种情况的时候，真正需要的不是稳定投资，而是扩大或收缩投资，同时从事消费品生产的工业活动也应该随之而收缩或扩大。根据货币政策的某些鼓吹者的解释，货币政策还被认为是（通过稳定货币收入总量）直接达到稳定投资的目标的工具，而不仅仅像上述假定的那样，是稳定投资的工具。只要它能够成为达到这一目标的有效工具，那么，不论资本主义制度还是社会主义制度都是同样能够采用的。然而，它在多大程度上能够成为一个有效的工具，却颇可怀疑。在资本主义制度下，必要的时候货币政策无疑可以用预算政策来予以补充，那就是，在景气的时候实行盈余预算，在萧条的时候实行赤字预算，从而让公众有较多的钱用于消费。但是这也是一种间接的方法。在社会主义制度下，只要计划当局愿意，还完全可以采取直接的而且无疑是更有效的行动，不过在资本主义制度下却办不到。在社会主义制度下，计划当局既然控制着全部工业（看来要通过目前俄国所存在的那种各级附属机构体系来控制），它就可以一方面决定收缩资本品制造工业的活动，另一方面又决定同时增加消费品制造工业的活动作为配合，这种做法也可以反过来。为了这个目的，集中计划当局能够以一纸命令把生产资源从某一种工业的控制者手中转移到另一种工业的控制者手中，而毋需用诱导办法。的确，由于一直在从事某一种工业的工作的人因缺乏训练而不能从事另一种工业的工作，如果变动过大，新添工人不敷需要，那么时间上的耽搁是免不了的。在转业工人受新工种训练期间，从工业的观点来说，他们就等于是失业。所以，如我以前所说，除非是在一个工

业活动完全没有变动的国家里，不完全的流动性[①]总会造成一些失业。尽管如此，社会主义社会，由于它的经济活动是由中央统一计划的，通过这样的直接行动，就无异有了消除工业波动和与之俱来的失业现象的一个强有力的武器。而这是不那么高度通盘调度的资本主义社会所不可能有的。

即使计划当局允许这样情况：给予工人的货币工资标准也像英国的货币工资标准那样有某种“固定性”，情况也是如此。不过，当然，一个社会主义国家，既然有着广泛的强制权力，是不会允许这样的情况存在的。说到这里，大多数经济学家认为，以我国为例，战后平均失业人数所以这么高，原因之一是货币工资是固定不变的。因为这意味着，在总的货币支出，因之也就是总的物价水平降低的时候，由于货币工资标准没有相应降低，实际工资标准不但保持不变，而且是提高了。不过，我们知道，当雇主预计到雇佣劳动的利润要减少的时候，总的货币支出总是降低的。因此，在这种时期，如果实际工资标准不减，就业人数一定会收缩。实际工资标准要是果真上升的话，事情显然会更糟糕。因此，凡是使得货币工资标准比较具有伸缩性的制度，就会减轻工业波动，从而减少平均失业人数。有些经济学家否认这一点，其理由是，如果在萧条时使货币工资标准降低，就会使总的货币支出也相应降低，因此最后的失业情况不见得会比当初为妙。如果我们不同意这一见解（我本人就不同意），则结论必然是，社会主义国家比资本主义国家有更

① 指工人不能从对之已无需要的某一工业部门或工业地区随时流动到需要他们的另一工业部门或工业地区去。——译者注

大的强制力量可以调整货币工资标准，因此它就能够比较容易地来控制工业波动和失业。但是，即使撇开这一点不谈，前面的分析也可以使人没有疑问：要对付失业问题，社会主义制度由于有集中计划，肯定比资本主义制度更有利。

第五章　利润与技术效率

在前章中，我谈到的一些问题都是受到社会主义者攻击的问题。现在我们换个方向来看看。在时下的讨论中，反对社会化，不论是反对某一具体工业的社会化，还是反对全面的社会化，最普通的论点是：利润报酬是确保技术效率的必要手段，任何制度如果取消利润报酬，那就不论它可能有什么其他优点，生产效率都会大大地降低。显然，这是一个非常重要的问题。而且这也是一个我们能够希望从实际经验中做一番研究的问题。正如整个西方世界一般，我国工业制度总的来说是符合我在第一章所下的定义的资本主义制度。但是在这个制度内部，虽则大部分工业是资本主义的，有一些工业却是社会化了的。因此，就有材料可做比较。我们首先区别一下今天英国所存在的这两大类型工业中一些主要不同形式。

资本主义工业不外乎无限责任的个人企业（包括合伙企业）、有限责任的私营合股公司、有限责任的公营合股公司。在一百年前，只有经议会通过特别法案，才能成立有限责任公司。1862 年法案除去了这重限制。自此以后，这种公司不论就数目还是规模而言都有极大增加。目前，在农业方面或房产业方面不论私营公司或公营公司，都还不起什么重要作用。而除了市政当局拥有的一些电车公司和公共汽车公司以外，铁路、轮船和其他运输事业都已完全在公营公司的手中。在工业、零售业、劳务以及其他所有活动方面，公营公司的资本大约占一半，个人企业及私营公司大约也占一半。据贸易部报告，除了拥有资本 11 亿镑的各铁路公司以外，1934 年英国国内“据信在营业的”公司的数目和资本如下：

	数目	资本（百万镑）
公营公司	14,989	3,874
私营公司	117,075	1,721

下面是关于目前英国的资本（不包括国债、在海外的资本和诸如家具之类不产生收入的资本）的非常粗略的分析。这是承蒙柯林·克拉克先生提供给我的：

Ⅰ. 公司资本不起重要作用的领域：	
农业（土地和租佃资本）	1,400 百万镑
住宅房产	2,000
	3,400
Ⅱ. 公司或市政当局所有权占优势的领域：	
铁路	1,100 百万镑
轮船	250
其他运输	100
	1,450
Ⅲ. 工业、零售业、个人服务和所有其他活动：	
公营公司资本	3,900 百万镑
国家和市政当局资本	1,000
私营公司和个人资本	3,850
	8,750

还可以按照部分同全体的关系，来进一步区分各种资本主义工业。在资本主义初期，大部分工业是由大量独立的企业组成的，每个企业在整个工业的产量中只占很小一部分。现在，除了这类

工业——兰开夏的棉纺业是其典型——以外还有许多其他工业，大部分产品是由相对而言为数不多的国家大企业生产的。这些大企业的经营，有时是完全各自为政的；有时在销售方面结成某种形式的价格卡特尔；有时通过控股公司或类似方式联合得更为紧密，除了价格方针一致外，生产方面也联合一致。此外，生产过程彼此衔接的各企业，和生产过程彼此平行的各企业一样，常常联合起来受同一个中心的控制。形式是多种多样的，在某一个时候，在某一个生产领域内，所以选择这种形式而不选择另一种形式，部分取决于技术上的考虑，部分取决于运输和财政上的考虑。

至于社会化的工业，在英国有四种主要类型：第一，商品只供应社员的消费合作社；第二，只供应所属城市公民的市政企业[①]；第三，像英国邮政局那样通过一个政府部门来集中经营的国营企业；第四，有意脱离议会的直接控制而专门设立特设委员会或董事会来经营的企业。最后一类的例子有伦敦港务局、电力局、英国广播公司等等。根据这种方式，管理当局是由与该企业有利害关系的不同阶层人士推派代表组成的。例如，伦敦港务局是由入港税纳税人、码头主人、河道船只主人的代表和 10 名指定委员组成，后者有两名必须由工党代表担任。伦敦自来水局由用水地区地方当局指定的 66 名委员组成。这种机构在决定收费标准时必须考虑到收入能抵得过资本按固定利率所应得的利息、适当的折旧费用

① 至于除供应社员外，也供应非社员的合作社或市政企业，是一种社会主义形式和资本主义形式的混合体。不过，总的来说，合作社和市政企业是只供应所属社员的，而个人企业和合股公司则是供应本身以外的人的。其中即使有交叉的部分，也并不重要，可以不必考虑。

和储备基金，还有可能要上缴给国家的款项。在某些情况下，为了使这样的公共机构能筹集足够的资本，国家在该机构有收入不足之虞时，有必要出面保证其资本的利息。在有这种必要的情况下（有时，也可能在并没有这种必要的情况下），这样的公共机构就直接交由内阁大臣管辖，当然这是迫不得已的最后措施，而不是为了正常的经营。按照这种做法，1919 年起草的煤矿国有化法案就曾建议，国家应该接管煤矿，接管后应专门设立一名煤矿工业大臣、一个由 10 名政府委任人员和 10 名矿工联合会选任人员组成的全国委员会、一系列的矿区委员会和矿井委员会来经营管理。森基计划（Sankey Scheme）也与此类似，不过工人所占名额较少而已。当然，有许多不同的组织形式可供选择，以便既有社会化的公共控制，又能免除官僚主义的方法，诸如做不完的记录、公文放行，等等，因为后一种形式只适合于文官系统的工作而不适合于控制企业。

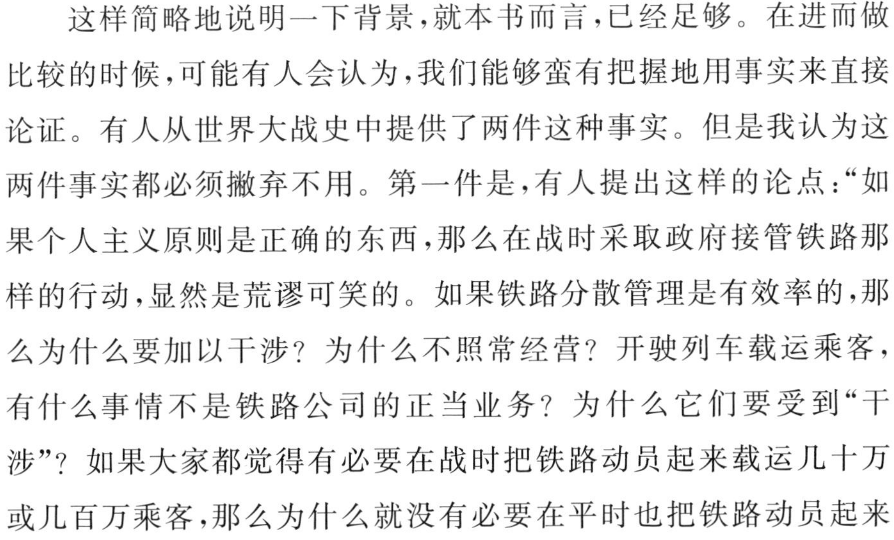

这样简略地说明一下背景，就本书而言，已经足够。在进而做比较的时候，可能有人会认为，我们能够蛮有把握地用事实来直接论证。有人从世界大战史中提供了两件这种事实。但是我认为这两件事实都必须撇弃不用。第一件是，有人提出这样的论点："如果个人主义原则是正确的东西，那么在战时采取政府接管铁路那样的行动，显然是荒谬可笑的。如果铁路分散管理是有效率的，那么为什么要加以干涉？为什么不照常经营？开驶列车载运乘客，有什么事情不是铁路公司的正当业务？为什么它们要受到"干涉"？如果大家都觉得有必要在战时把铁路动员起来载运几十万或几百万乘客，那么为什么就没有必要在平时也把铁路动员起来

使它能一年运送号称英国工业命脉的3亿吨煤?[①] 这种推论假定,国家在战时接管铁路,是为了要使铁路在技术上提高效率。但是事实上国家接管铁路是为了要确保政府充分控制路线和设备,不必因为与私人公司方面的要求发生冲突而不能得到所需要的服务。第二件事实是,有人根据政府设立国营军火厂能够以大大低于私营工厂的价格得到供应为例,说明公营企业效率较私营企业为高。但是,在战争时期,由于政府需求极大,私人军火商就能够索取大大高于生产成本的价格。这种情况的确为国有化提供了一个有力的论据。但是,国营炮弹厂生产炮弹的成本低于私营炮弹厂向政府索取的价格,这一事实并不能证明它一定就是在技术上效率较高。技术效率要看实际生产成本,而不是在缺货情况下或垄断情况下的销售价格。

要想用比较私营企业和市政企业的成本统计来论证资本主义或社会主义的优劣,也同样是劳而无功的。毫无疑问,如果能够证明,若其他条件相同,某一产品的实际成本一般来说在公营情况下比私营情况下是高还是低,那么,就能够得到两种组织形式的效率谁高谁低的真正证据。但是在实际生活中,这是办不到的。首先,同样名称的业务,在不同地方,质量相差极大,要恰当地估计这种差异,几乎是不可能的。其次,在不同的地方生产的条件也完全不同。根据每度电力所需的原料和劳动力的相对数量来比较"一家设在大城市里的私营公司(那里有充分的供应,但是也要满足诸如

① 乔柴·默内(Chiozza Money):《国有化的胜利》(*The Triumph of Nationalization*),第86—87页。

不得干扰毗邻地区这样的特殊要求）同一家设在郊区市镇上的市营工厂，不论对谁来说都是不公平的”[①]。说到市营企业，账目内容至为复杂，要弄清楚它们的真正意义，不是一件易事，稍一不慎，极易弄错。总而言之，即使撇开以上这一点不谈，根据统计数字提出的论点，在目前这个范畴内，也几乎是毫无价值的。因此，我们又不得不回过头来做一般的定性分析。

在我进行这一分析之前，也许最好先弄清楚一个非常基本的，然而却相当普遍的错误看法。有时有人认为，在效率问题上，社会化一定比较优越，因为利润本身的性质决定，即使在完全竞争的条件下，要取得利润就必须要使消费者蒙受损失，而在社会主义化以后，则根本就没有了利润。当然，事实并非如此。假定在两个相同的国家里有两批相同的人需要鞋子。在一个国家里，这些商品的生产和销售是通过一定数量的资本主义企业来组织进行的，而在另外一个国家里是通过同等数量的消费合作社来组织进行的，那么这两国的鞋子产量和成本会有什么不同呢？要是竞争是完全竞争，因而没有采取垄断行动的可能，那么就一点也不会有什么不同。毫无疑问，资本主义工业中的企业家的目的是尽可能地增加他们自己的纯收入，而社会化工业中的经理人员却只领取固定薪金，他们的目的是在力求总成本（包括他们自己的薪金在内）与总需求价格相当的情况下进行生产。但是在资本主义工业中，由于竞争的压力，各个企业的规模就会受到影响，以致那些企业家所得到的收入将与具有同样能力、在其他工业中担任经理人员的收入

① 贝密斯：《市政垄断企业》（*Municipal Monopolies*），第289—290页。

相同,也就是说,等于在另一国家里付给合作社经理人员的薪金。此外,由于利润动机,资本主义工业中的企业家所生产的鞋子数量与社会化工业中经理人员为了要使总成本同总需求价格相当而生产的鞋子数量相等。简而言之,唯一不同的只是,在资本主义工业中控制企业的人所得到的叫作利润,而在社会化工业中则叫作薪金。除此之外,两种制度结果完全相同。①

解决了这个枝节问题后,我们可以言归正传了。我们已经说过,既然不论社会主义还是资本主义,都有好几种形式,有些可能比较适合于某些工业、某些技术条件,而不适合于别的工业、别的技术条件,因此,要把这两种类型做笼统的比较是不可能的,必须采取一种比较迂回的办法。最好是先来考察一下在英国资本主义初期,成为典型的个人企业所号称具有的优越性。当所有权和控制权集中在一个人手里的情况下,比起不论是股份公司还是任何社会化的工业组织形式来,都有更大的行动自由,更多的发挥创造性的余地,也更愿意冒一下风险,尝试未曾尝试过的办法,能更快地适应情况的改变,也有更大的劲头。因此,个人企业这种工业组织形式使拥有为数有限的私人资本的人有可能主动去搞某种被专家们认为行不通,但是却有可能成功的新方法甚至新产品。已故的梅尔契特(Melchett)勋爵在他所著《工业与政治》(*Industry and Politics*)一书中,引用他在下院的一篇演讲,提到了关于他父亲立业经过的一段很有意思的故事。"将近50年以前有两个年轻

---

① 必须记住,我们是假定合作社数目和私营公司数目是一样的。把一个国家为数甚多的私营公司同另一国家一个单一的大合作社做比较,就不恰当了。

人由于做买卖而相结识。他们只积蓄了很少一些钱，可是却决定创办一个新事业。他们的资金固然极其不足，可是他们的信心却极其充沛。他们采用了一种我国完全没有人试过的制造方法。他们请懂得这一行的人参加，可是却只是遭到了嘲笑……要是这一工业中最有经验的人全都说这简直是荒唐的冒险的话，还有谁会愿意去冒这种险呢？……这不过是一个例子。这两个人就是我的父亲和已故的约翰·勃鲁纳(John Brunner)爵士。他们工作不止一天8小时，而是连续不停地干36小时。他们不仅为自己找到了工作，也为成千上万的人找到了工作。我觉得对于社会主义难以同意的理由之一就是，我看不出人们怎么会求进步。”[①]马歇尔(Marshall)认为这是一个有决定意义的论点。他在1907年写道："政府插手参与那些需要不断的发明和无穷智力的企业，是一种妨碍社会进步的威胁，而且因为这种威胁是潜伏的，就尤其需要提防。众所周知的事实是，虽则中央政府和市政府各部门在机器制造和其他先进工业中雇用了成千上万的高薪公务员，但是这些人很少有什么重要的发明创造；而仅有的少数发明创造又几乎全部是像普里斯(W. H. Preece)爵士这样的人的成绩，他们在参加政府工作之前就已经在自由企业中受到了彻底的训练了。政府几乎创造不出什么新东西来。要是在100年前政府的控制就取代了私人经营的话，我们大可设想我们目前的生产方法的效率大约只能与50年前相仿，而不是比当时高四倍甚至六倍……政府能够完美地翻印莎士比亚著作，可是它不能叫人写出来。当市政当局吹嘘

① 梅尔契特：《工业与政治》，第312—313页。

它们的电灯厂、电厂的时候，我觉得仿佛是一个人在吹嘘‘我的哈姆莱特的天才’，而其实他不过是新翻印了一版哈姆莱特而已。市电厂的躯壳是属于政府官员的，而天才是属于自由企业制度的。我这一番话绝不是主张市政当局该毫无例外地不去创办这种事业；因为，的确，在必须大量使用过路（特别是通过公共街道上）权利的时候，一般来说，无疑最好还是把这种不可避免具有垄断性的事业的所有权（如果不是把管理权也包括在内的话）保留在公家手里。我只不过是主张：必须认为，在需要不断有发明创造的生产部门中，政府插手过问，从表面看都是反社会的。因为这种过问阻碍知识和思想的发展，而这种知识和思想正是最最重要的一种社会财富，远非其他所可比拟。”①

对于这种论点，有时候有人这样答复：不错，从纯粹技术效率的观点来看，个人企业形式的工业有着某些重要的优点，但是，由于事实上今天私营工业大部分已不是个人经营，而是由合股公司经营，因此，上述事实就比较社会主义同实际存在的资本主义而言，实不相干。例如，韦伯夫妇就说过：“如亚当·斯密（Adam Smith）及其当时的信徒说句公道话，应当记住，在资本主义制度初期，赚取利润的过程比今天要快得多。理由很简单。在合股企业大规模出现之前（更不用说，在现代联合企业和托拉斯出现之前了），赚取利润的人是能自由行动的人，自己就是老板。他可以迅速采取行动，而不必等待别人做出决定。如果他由于才气或者魄

① 《阿尔弗莱德·马歇尔纪念文集》（*Memorials of Alfred Marshall*），第 338—339 页。

力上的弱点而失败，那也是他自作自受，而这一点他是明白的。如果他成功，得到的利润和名气也都归他一人独享。他夜以继日地工作，心里完全明白成功就一步登天，失败则一贫如洗。至于那些现代合股银行或者铁路公司的经理，或者典型的世界规模的托拉斯的领取薪金的代表，却要服从董事会的决定，有义务按照公司法、会计师的要求、各种各样专门技术、联营公司的合同等所规定的明确条例来执行他的一定职务；另一方面，他的薪金是有保障的，生意失败是不受损失的，还随时可以离开这家公司到那家公司去。如果我们想到这些情况，我们就会明白，工业革命时期给予脑力劳动者的鼓励，给予企业家的自由，比起已经成长起来而且充分发展了的资本主义所给予他们的鼓励和自由来说，真是强得多了。”[①]有人认为，在这种新的情况下，应当做的比较主要是公共经营同合股经营之间的比较，而不是公共企业同个人企业之间的比较。在做这种比较时，公共经营方式是没有什么可以惧怕的。因为除了以英国邮政局为代表的那种社会化，也就是由政府部门直接经营社会化企业以外（而现在一般公认，这种社会化只有在极少数情况下才是合适的），合股公司的结构和社会化企业的结构非常相似。不论是哪种情况，大部分工作必须由领薪金的经理人员和技术专家来担任。从表面看，这些人员究竟是由股东选举出来的董事会所任命并且受其监督，还是由一个代表性的委员会或像电力委员会这样的机构所任命并且受其监督，并无什么不同。何况，这种表面的看法还不够完全。如果同社会化形式相对比的是一家

① 《资本主义文明的衰亡》，第72—73页。

单一的大公司，或者一个紧密结合的康采恩，它的生产方针是统一控制的，因此所属各厂生产专门化的工作和落后厂更新的工作进行得极其经济，那么这种看法就更有道理了。但是，同社会化形式相对比的可能是某种形式的价格卡特尔，只有市场方针是统一的。这种形式的结合就可能——事实上不一定——妨碍各厂的专门化，并且使得效率不高的厂得以继续存在，而在社会化的情况下，这种厂却是要更新的。在这种情况下，社会化的结构形式就比私营企业的结构形式更加有利于提高技术效率了。

这种论点虽然听起来似乎很有道理，然而是很牵强的。有两点必须加以强调。第一点是，我们知道，合股公司除了包括公营公司之外，还包括许多私营公司，而其资本几乎达全部公营公司（除了铁路以外）资本总数的一半。就个人首创精神有无活动余地等方面来说，大多数私营公司实际上还是个人企业。为了法律技术上的方便，一个人或一批人把他们的个人企业改组为私营公司，继续按照原来方式经营。因此，一般来说，韦伯夫妇所提出的论点只适用于公营合股公司，而不适用于所有的合股公司。第二点是，即使在这个狭隘的范围内，法律结构不是主要的东西。即使公营公司取代了个人企业形式，在逻辑上并不一定也取代私人企业精神，而且事实上往往也没有。罗伯逊（D. H. Robertson）先生在其《工业的控制》（*Control of Industry*）一书中很清楚地说明了这一点："在许多情况下，一家公司虽然在法律形式上同一家以一笔借来资本开业的个人企业有所不同，但是在其他方面却很少不同。有时候，一家个人企业已经达到了这样一个发展阶段，它能够很好地利用大量外来资本，这种资本是它以改组为公司和对外发行债券及

优先股取得的；而原来的老板却在手中保留了大部分普通股，从而为自己保留了额外分红的极大可能和大部分的表决权。举例来说，像利华公司和塞尔弗里奇公司这样的英国大型企业就是实行这种办法。也有时候，一批已经有钱的人在公开市场上购进一家已经开设的公司的大量股票，从而成了对这家公司能否成功最为关心的人，对这家公司的管理经营有了无可怀疑的控制权。有时候，一家新企业的一个或若干个创办人自己保有一部分股票，为数之大足以使他们只要愿意的话就可以在这家新企业的业务上拥有决定权。”[①]在所有上述情况中，公司都等于归个人所有、受个人管理。虽然在名义上不是，但是在实质上仍是一个或者少数几个操支配之权的人的个人企业。所以，尽管今天工业界大多数都采取合股形式，但是已故的梅尔契特勋爵和马歇尔所提出的论点仍没有失去其意义或重要性。我们必须正视它，而不能回避它。

不过，马歇尔的论断可能是言过其实。他死得太早，没有见到诸如战后在飞机设计方面所取得的巨大进步，这些进步主要是通过政府主持的研究工作所取得的。“100年以前，当广大的海外市场刚刚开辟，只要一经摆脱（谷物法之类的）封建限制经济生活的大规模改造就能取得成就的时候，从事企业的人是敢于冒险的人，而不是谨小慎微的人。封建制度反对企业家的计划，一点也不是为了别的，而只是为了在农村维持现存的秩序。但是，今天，大多数企业家却成了反对改变现状的人。过去五年中凡是实现了伟大和迅速的改造的地方，不论是在我国（高压输电网销售委员会、制

① 罗伯逊：《工业的控制》，第75—76页。

糖工业)还是在外国(意大利的垦荒运动、美国的田纳西河水力发电计划、爱尔兰的香农计划),积极提倡的都不是企业家而是政府。企业家的活动范围一直只限于现有经济条件以内,他希望这种条件安安稳稳地长久保持下去。从这个意义上来说,一个不保守的企业家结果常常成为真正的冒险家。”[①]马歇尔要是活到今天,看到了这些事实,可能修改他的一些结论。尽管如此,他的论据在本身所涉及的范围以内仍旧是对资本主义的一种有力辩护,足以说明资本主义是个别工业内促进工业技术效率的动力。

现在再来谈谈另外一重考虑。资本主义形式和社会主义形式两者的比较生产效率往往视这两种形式下各工业在地理上分散和联合的程度而定。比如,很可能发生这样的情况:在资本主义制度下,一个国家的铁路是由好几家公司经营的,如果联合起来的话,就可以大量节约,但是由于不能达成协议,各公司不会自动合并,而国家则因为害怕出现势力太大的私人垄断,也不会强迫它们合并。在这种情况下,如果其他条件都相同,实行全国规模的社会化就能提高效率。另外一方面,也可能发生这样的情况:组织电网的范围最合乎经济原则的地区,比整个国家固然小,但是比大多数地方当局管辖的地区却都大。在这种情况下,就有这样的危险:社会化以后,这一工业被分割为几个部分,而从经济原则上来说,这几个部分的范围都太小,而在私营企业的经营下,规模大小倒可能更为合适。当然,这种情况不一定会发生。也可能会专门建立规模

① 1934年3月8日《曼彻斯特卫报》商业版(*Manchester Guardian Commercial*),引文见J. B. 费雪(J. B. Fisher)的《进步与安定的冲突》(*The Clash of Progress and Security*),第225—226页。

适当的特别的社会化企业，但是也还是可能发生这种情况。因此，在技术效率方面，要比较某一种工业中资本主义形式与社会主义形式的优劣，是无法下断言的，除非能详细地知道在该工业中这两种形式实际可以采用的办法如何。

这就引导我们进入另外一个有点相似的考虑。在有些工业中，能够得到的生产资源，不论是归少数的生产中心——工厂或公司——还是归许多生产中心掌握，平均生产成本大体上是相同的。但是在另外一些工业中，很可能某种规模的工厂或公司，同比它大或比它小的厂家比较起来，要经济一些，也就是说平均生产成本要低一些。如果出现这种情况，资本主义就有一种自动调节作用，能够确定何种规模的生产单位最为适宜存在。因为不论过大或过小的生产单位在市场上都敌不过那家规模合适的生产单位。因此，过大的往往会收缩，过小的会扩充，否则就有破产的危险。在社会主义制度下，这种自动调节作用是不存在的。这样就需要某种其他办法来补救，困难也不是太大。我们假定有个公共机构控制某一工业，它能够从所属各厂取得成本的统计数字，根据这些统计数字，它不仅能够发现相对来说不够称职的经理人员，并且加以撤换，而且也能够得到一个粗略的概念，知道配备了一个称职的经理人员以后，什么样规模的工厂是最合适的。这样，它能够有意识地进行一些调整；而在资本主义制度下，这种调整是由竞争的盲目势力来进行的。当然，我们这么说是假定资本主义制度下各厂家是独立的。如果它们统一在单一的托拉斯的控制之下，那么，那个托拉斯首脑显然也会遇到那个公共机构所遇到的同样问题，而且也处在完全相同的地位。因此，从这个问题看来，资本主义和社会主

义似乎没有什么不同。

到现在为止，我们都是把效率仅仅看成是一个成本问题，无形中假定，不论在资本主义还是社会主义制度下，产品的质量都是有保证的。在完全竞争的条件下，也许会如此。但是在实际生活中，竞争并不是完全的。不光明正大的做生意手段从长远来说总会得到恶报，这话固然不错，但是事实仍然是，在资本主义工业中，出卖偷工减料的商品常常是有利可图的事。为供应自己食用而制造果酱的一个消费合作社不会想到在里面掺假，而一个资本主义的果酱制造商就做得出这种事来。一个市政机构不会为了省去消毒费用而在不卫生的条件下屠宰牲口以供食用，但是一个私营屠宰公司就可能这么做。这是一个非常重要的问题，因此英国在同公共卫生有关的工业中坚持严格检查已经成了定规，如果在坚持严格检查由于技术上的原因而有困难的时候，比如在下水道的建筑和管理方面，就坚持实行公共所有和公共经营的制度。

还有一个同类的事实。不仅是在同公共卫生有关的工业中，而且在影响公共利益的许多其他工业（如煤气、自来水、电力等）中，一般的意见都认为，私商只有在公家监督之下才允许经营。例如，没有人会主张，铁路公司和煤气公司可以任意决定收费标准。监督的程度和方式视具体情况各有不同，但是某种程度和某种方式的监督是肯定要有的。这个事实意味着两点：第一，拥护私营企业制度的论点，如果它依据的是私营企业制度下存在着自由的和不受束缚的创业精神这一点，就不能不大大削弱。一个受到国家专门规定的条例约束的企业就不是一个完全自由的企业，并且不一定充分具有一般认为自由所能带来的那些提高效率的因素。第

二，实行监督的安排，本身就需要费用，而从严格的会计学角度来说，这种成本即使并不由该工业的顾客负担，仍然是属于这一工业的，因此在衡量该工业的效率时，应该作为一个消极因素来考虑。

自从我们离开了马歇尔的论点以来，我们的讨论从技术效率的观点来看，总的来说是比较倾向于社会主义的。但是在另外一方面，还有一点重要的考虑。一般都认为，资本主义工业，即使是合股形式，也比处于同样条件的社会化工业更有效率，因为在资本主义工业中，经营不善就会造成破产而把买卖让给别人。而社会化企业，除了合作社以外，都没有这个危险。已故的梅尔契特勋爵写道："私营资本主义制度存在的原因何在？让我来告诉你。一个私营的资本主义企业要是经营不善，它就得上破产法庭。这意味着什么？这是说，你有着一种能够在你的工业系统中自动消除效率差的方法。你还有着一种效率高就能自动得到报酬的方法。这个方法可能是残酷的、无情的，但是迄今为止这是世界上能够想出来的唯一制度。"[①]不过这样辩论未免把事实过分简单化了。首先，在很多情况下，合股企业（作为社会化企业的替代物来说）也不会遇到竞争。煤气、自来水或电车，如果不是由市政当局经营，为了经济缘故，也必须由一个公司独家经营。第二，甚至在公用事业的范围以外，许多重要工业也都不是由几家互相竞争的公司来经营的，而是由几家合作的公司来经营的，有时候采取价格卡特尔形式，有时候关系还要紧密。这里就不存在竞争。因此这一层考虑尽管重要，但是所涉及的范围却并不如一般设想的那么广。

① 梅尔契特：《工业与政治》，第 317 页。

上述讨论的总结论是不肯定的。在说到某一特定工业的技术效率的时候，不可能笼统地说，占统治地位的资本主义形式——合股公司——就一定比不论哪一种最可能作为其替代物而提出来的社会化形式好或者坏。比较工作必须按各项具体情况来进行，特别是关于合股公司实际上是否是改头换面的个人企业的问题。比较的结果有时候可能有利于这一方面，有时候可能有利于另一方面。因此，全面资本主义和全面社会主义之争不会因本章所讨论到的这一类考虑而受到很大影响，更谈不上得到解决了。

第六章　刺激问题

在上一章中，工业技术效率中一个重要的因素没有谈到。这个因素就是体力劳动人员对工作抱什么态度和是否愿意充分发挥能力的问题。机器在安装好了之后，是否能发挥作用要取决于人的意志，就机器而论，不存在以什么刺激或引诱来使它们工作的问题。但是对于人来说，情况就完全不同了。他们的劳动不是光在那儿干活就行了，除了时间长度以外，还有劳动强度。因此，同样一批人做的同样多钟点的劳动，由于周围环境能使得这批人拿出全部力气来工作或者只能使他们拿出一半力气来工作，可能产生大得多或者小得多的结果。显然，在比较社会主义经济和资本主义经济的技术效率的时候，这两种经济分别来说对于发挥能力能够提供的刺激定然要起一个重要的作用。

除了用武力强制的制度之外，在任何制度之下，定工资的原则在很大程度上决定工人付出劳力的程度和国民生产率的总水平。凡是实行计时工资的地方，它所提供的引诱是：工作应当努力到足以避免因怠惰或失职而遭到立即解雇的程度。此外，一个有工作好的令誉的人，在不景气的时候，丢掉饭碗的可能性比没有这种令誉的人要小，提拔加薪的可能性要大。因此，计时工资制并不缺少鼓励人们努力工作的真正刺激。但是，显然，计件工资制所提供的

刺激更加有力，因为在这种制度下，卖力工作直接反映为增加收入。一般来讲，对于个人谋求眼前利益的这种利己动机来说，计件工资原则的吸引力大，计时工资原则的吸引力小。

在讨论社会主义和资本主义能在多大程度上采取计件工资原则而不采取计时工资原则之前，我们最好先廓清一下我们思想中一些混乱的看法。有许多人认为，计件工资原则的基本特点是，它能使一个身强力壮、手脚灵巧的人比一个身体羸弱、笨手笨脚的人赚的工资要多得多。大家认为这是“公平的”，因此这个原则受到了赞扬。但是事实上，计件工资原则的本质完全不是这么一回事。这个原则所涉及的，不是能力不同的人们得到不同收入的问题，而是同一个人按其工作的有效程度的不同而得到不同收入的问题。因此，在理论上，一方面普遍实行计件原则，同时使得实际付给每一个人的工资或者相同，或者按家庭需要调整，应该是可能的事。但是，这就不仅需要为在不同条件下工作（即操纵的是新机器还是旧机器）或属于不同负担类别（即是单身汉还是家庭人口众多）的人规定不同的计件标准，而且也需要为在同一条件下工作，也属于同一负担类别而具有不同技术和体力的人规定不同的计件标准。显然，在实践中，要实行这样一种办法是不可能的，除非做得极其粗略。不论实行任何实际可行的办法，都必然会发生收入的大大不平均的情况。因此，如果认为社会主义一定要以收入平均的原则或者按需取酬的原则作为其必要内容的话，那么计件工资原则，虽则不是在纯粹理论上，却是在事实上同它不相容的。但是按照一般的设想，社会主义并不一定与这类原则有不可分割的关系。虽然一般人认为按需取酬是最终的理想，但也认识到，在社会主义

发展的现阶段，实行这一原则会造成工作上，从而也是在产量上的大量损失。因此在苏联，普遍采用了计件原则，而且予以极大重视。

在这方面还需要说明一点。在有些工业中，由于生产过程的具体情况，个人对产量的贡献是无法分别衡量的，例如在许多农业劳动中，技术因素就排除了实行计件工资的可能性。但是，在资本主义制度下，有许多工业并不存在这种困难，工人代表也不赞成计件工资，理由是这种办法可能为利欲熏心、不顾一切的雇主所滥用。至于能够通过集体谈判来决定计件工资制的详细办法并且监督其实行而雇主也能接受这种办法的地方（例如在英国的棉纺织工业中），就不会发生这种困难。但是，要实行这种集体谈判往往不是容易的事。如果没有集体谈判，工人们常常担心雇主会以产量提高为借口来降低计件标准，结果他们比实行计件工资制以前活是多干了，钱却没有多挣。甚至在如有妥善保障，计件工资制本来可能是对人人有好处的情况下，也很可能由于有这种担心而使得这种办法不能实行。在这个问题上，社会主义就胜过了资本主义。因为在社会主义制度下，体力劳动者不大会担心受剥削。

一个工业或一类工业广义的所谓技术效率，亦即它们按一定成本所生产的产量，不仅取决于定工资的办法，而且在很大程度上也取决于体力劳动人员的**总的**态度。当然，这种态度也影响到他们对计件工资制的刺激作用的反应（当然是在实行计件工资制的情况下）；如果他们抱不信任的态度，反应就会很冷淡。不过这种态度的作用范围还不仅于此。汤奈教授写道：“管理好坏的标准是，它应该能够把职业自豪感的潜在力量都吸取到工业生

产中来。”[1]他认为，目前的工业制度在这方面的吸引力很小。相反，在私人雇主或合股公司雇佣下为工资劳动的工人觉得，他们多出一份力气只能为他们谈判的“敌方”增加利润。他们很难把自己看成是一桩共同事业中的合伙者，把这个事业的成功看成是与他们自己有关的事情，而且也就是他们自己的目的。这种感觉的存在可以在两方面影响到生产的有效进行：它一方面会限制工人的潜力的发挥，一方面会促进劳资纠纷而造成停工。有人认为，在这两方面，社会化的工业都胜过资本主义工业。

就我国而论，这个论点的主要根据是煤矿工业方面所存在的不能令人满意的情况。但这个论点在多大范围内有效，我们很难知道。对于这种看法，我们可以提出下述这种普遍持有的看法来反驳：在市政当局主持的住房建筑业中工作的人，比起私人雇佣的同样工人来，劲头往往不如后者大，效率也不如后者高。很可能是，在英国煤矿工业方面是这样一种情况，而在其他方面，比如市政企业方面，又是另外一种情况。但是，要衡量全面社会主义在推动人们更好地工作方面的效力如何，过分依赖关于某一工业社会化的结果的经验，或者对这种结果的臆测，那是错误的。因为，在这里，部分情况加起来仍未见得就是全面情况。例如，在苏联，毫无疑问，在新制度下面，体力劳动者的劳动热情是激发起来了的。韦伯夫妇曾经生动地描述过这些人所表现的极高的情绪，他们感到是在为自己的国家服务，而不是在做私人牟利者的佣仆。韦伯夫妇也谈到在工业中推行竞赛动机的成功，各工厂之间互相提出

① 汤奈：《贪得无厌的社会》，第184页。

超额生产的挑战——很像英国各城市在战时进行的坦克周竞赛。他们描述了突击队的形成，这些突击队员愿意进行紧张劳动，不是为了报酬，而是为了这种行为所带来的荣誉和愉快。下面是一段关于这种服务精神的生动描写："卡尔科夫大拖拉机厂在建厂期间，周围垃圾堆积如山，该市居民决定尽义务把它清除掉，而没有影响到工地原来人员迫切需要进行的建筑厂房和安装机器工作。成群的人在休息日来到工地，终于完成了整个任务。据报道，有几天下午，许多人乘电车前来，情景仿佛像假日出游一般。据估计，从开始到结束，参加的人至少达 3 万。"[①]当然，这种精神并不是人人都有的。它特别没有扩展到韦伯夫妇所称的"中层阶级"这批人身上。这一阶级介乎社会上知识分子领导人物与工人群众(大多数是刚从农村出来的)之间，也就是下层官员、职员、店员、火车站站长等人。[②] 在这些人身上，苏维埃式的刺激方式一直未能奏效，他们在沙皇时代出名的贪污、不守时、马虎作风仍然存在。不过，这种新精神虽不是全面的，也是极为普遍的。的确，我们也不要忘了，在苏联，一个新的世界正处在形成的过程中。如果认为在新秩序已经确立和普及的时候，人们也会有这样热烈的反应，那还未免为时过早。不过，即使到那个时候，也还是会有**一些**反应的。在本章所涉的几个方面，我认为社会主义应该比它的对手多得**一些**分数。

---

① 韦伯夫妇:《苏联共产主义》(*Soviet Communism*)，第 753 页。

② 同上，第 758 页。

第七章　社会主义集中计划下生产资源的配置问题

迄今为止所进行的讨论，对于一个接受其论点的读者来说，总的效果大概是，社会主义集中计划制度，如果组织妥善，在许多方面都会胜过我们现行的资本主义制度。但是这并没有决定这场争论的胜负。因为组织问题是极其复杂困难的，一个不够理想的制度如果实行起来比较顺利，总的来说可能比一个合乎理想但是实行起来毛病百出的制度还要好一些。因此在全面社会主义制度下如何进行组织工作问题还需要做缜密的研究。我们假定当局已经决定了如何在人民中间分配收入的方法，不论是一律平均也罢，是根据家庭需要也罢，还是一半根据需要一半根据本人效率也罢。留下来的组织工作问题都有两方面。首先是，在各种商品数量业已确定的情况下如何把所生产的各种商品分配给各个有收入的人？其次是，如何决定各种商品该生产的数量，或者换句话说，如何决定在各种工业之间配置生产资源？在研究这些问题时，为了便于说明，我将只以第三章中所举的那个极度简化的标本为例。假定所有生产手段，包括土地，都永久存在不变，因而不存在损耗折旧的问题；又假定不制造新的生产手段。在这样情况下，唯一生产的商品是消费品。我还假定这些消费品的制造和送交消费者的过程是同时发生的，这样就不存在生产资本和周转资本问题。不过这样我还是像在第三章中那样，无形中忽略了两个事实：(一)有许多种制成品不是靠一个工业生产出来的，而是经过许多彼此衔接的阶段生产出来的，最后才零售给最终的消费者；(二)许多商品不是互相分割的生产过程的结果，而是联合生产出来的。把这些因素都考虑进来，我们的讨论就要复杂得多，不过这不会影响有关的一般原则。那么，为了要达到目的，一个集中计划当局能够采取哪些办法呢？

最明显的办法是干脆以强制的手段把这两个问题合在一起来处理。计划当局给生产各种不同消费品的工业配置一定数量的势力、生产手段、土地。同时把人们生产活动中以这些消费品形式出现的那一份产物分配给全体公民。简而言之，它就仿佛是一个与世隔绝的农家家长对待子女和亲属那样。每个人所做的工作，不论从数量上来说，还是从种类上来说，都不是靠给付报酬的办法来推动的，而是用命令来推动的。每个人消费的各种消费品的数量不是由消费者的自由选择来决定的，而是由政府法令来决定的。同样，总的来说，人们也没有选择职业的自由。但是这并不排除很大部分的人仍有选择自由。计划当局很可能让大多数人选择自己的职业，只是在有些职业人浮于事的时候插手过问，把超过需要的多余的人调开，并且强迫这些人去从事那些自由选择不能提供足够人员的职业。还可以补充一句，在上述情况中，没有货币的需要，提供货币没有什么作用。这个制度是一种“真正的”经济，是这种经济最纯粹的形式。

在研究这一制度的含义时，我们首先要假设**生产资源在不同**

种类的工业中间的配置业已确定，然后再考虑消费品在消费者中间的分配。很明显，总产量，因此也就是每种消费品的总消费量，是由中央计划决定的。当然，这并不是意味着，每年生产的面包、鞋子等的相对数量是不顾多数消费者的愿望而决定的。在计划配置生产资源的时候就要考虑到他们的愿望。不过，这确实意味着，不同消费者彼此不同的愿望会受到忽视。给予每个人的鞋子、衣服、面包等的数量是由当局分配给他的，他不能随意要求多拿一双鞋子而少要一件背心。此外，在实践中，消费品的分配只能根据一般原则来进行，因此，每一个人，或者至少是少数明确划分的负担类别（如单身汉、已婚而有三个子女的人等）中属于同一负担类别的每个人，各得到内容相同的一批消费品。在这种情况下，如果所有的人对不同消费品的相对爱好程度完全一样，这就是可能范围内最好的安排。在一个非常贫困的社会中，唯一能够得到的消费品是原始的食物、衣着、住所，那么不同的人们对于各项消费品的相对爱好程度就一定是几乎完全相同的。但是，如果一个社会比较富裕，而且也有机会得到一定数量的半奢侈消费品，人们的爱好就一定会有所不同。在这种情况下，从总的经济福利观点来看，这种形式的集中计划就有严重的缺点。某人得到的鞋子穿不完而面包却不够吃；另一个人的情况刚好相反。不错，这种初步分配中的错误，在某种程度上，能够在以后的交换中得到纠正。假定甲和乙都得到了一双鞋和一件背心。如果甲要两双鞋而乙要两件背心，他们就能够做一次双方都感满意的交换。但是这种实物交换的范围非常狭窄。彼此的要求刚好相反而能互相满足的人很少有机会碰头，而三方或多方的交换也很少有可能实行。因此，这种纠正办法要补救集中计划的缺陷是起不了多大作用的。

不过，就计划的方法而言，还有第二种替代办法可以解决这个困难。仍然假设配置给不同种类的工业的生产资源业已确定。计划当局可以不必每星期发给所属公民一批规定死的各种消费品，而是发给他们一定数量的货币。收到这笔货币的人不能把它积存起来，但是可以随意分别购买各种消费品。这项规定，可以用下述办法来实行：以购货券的方式来发给这笔货币，规定在发给后的一个短时期内如果不用即行作废。为了使得生产出来的全部消费品都能分配掉，在每一次分配收入期间，各种消费品的数量与单价相乘的结果必须同货币收入的总量相等。这一条件并不就是以决定应当采取什么样的方法来决定价格。能够满足这一条件的价格制度是极多的，但是一定要在其中挑这样一种制度，它不仅要能使市场上的商品全部出清，而且还要能保证对任何商品的需求，按照所定的价格，都能得到满足。当然，可以肯定，计划当局不会一下子就想出能够合乎这种要求的价格制度。一定会有不少供不应求的情况，可能会表现在排队现象上。这种供不应求的情况在原则上应该是计划当局所能察觉的。它能够把按原来价格缺货的东西的价格提高，而把过剩的东西的价格压低。用这种方法，只要遵守“所有消费品的总数乘以价格等于货币收入”的原则，最后一定会出现既无缺货也无过剩的局面。达到了这一点以后，各种消费品的分配——每种消费品的总产量是已经确定了的——就会符合不同消费者的愿望。因此，第 70 页上谈到的那种计划上的缺陷经过这样修正之后就可以顺利地消除了。在原则上这一点是能够做到的。当然，在实践中，要做到这一点有极大的困难，而且，如果不同

的人对不同消费品的相对爱好程度变化不定，在调节过程中不可避免要在时间上发生脱节现象。

我们开始时假定的是这样一个计划制度，在这个制度下，不论生产资源或者由之生产的消费品都是用命令来配置的。我们现在已经知道，如果以强制分配货币收入来代替强制分配各类消费品，而且如果采用了我上面所说的那种价格制度，经济福利就会得到大大的促进。但是，关于在不同工业中间配置生产资源的原则，还有一点没有谈到。迄今为止，这种配置一直都是假设为已经确定了的，现在应当加以研究了。显然，任何计划当局在这个问题上都不会依赖偶然因素或一时现象。它必须要有某种原则。如果这个计划当局能掌握全面材料，它无疑会设法实现我在第三章中称之为“理想的”配置的那种资源配置。但是，我们在那一章中看到，只有在能够算出边际单独成本和边际社会成本之间的差额并且加以调整的情况下，才能实现“理想的”配置；而要做这种计算所必要的数据却多半是无法得到的，而且在很长时期后也大概还是如此。因此，作为一种实际政策来说，计划当局(在假设货币收入的分配业已确定的情况下)所能希望实行的最接近于“理想”的配置，正好相当于既无垄断操纵、又无广告争胜的完全竞争状态下的配置，相当于完全竞争状态下，除少数特殊例外情况以外，对单独边际成本同社会边际成本之间的差额未加调整的那种配置。但是，在完全竞争状态下，要达到平衡的条件是：每一工业中的产量必须恰好做到使边际单独成本等于社会平均成本，而社会平均成本又等于需求价格；这样，总产量的销售总价格就恰好与总成本相抵。假定这就是计划当局要想实现的那种配置，我们就要研究一下，计划当局

能在多大程度上实现这个目标，能用什么方法来实现这个目标。而且，即使它的目标是要实行另外一种方式的配置，问题的性质也仍然一样，因此下面要做的讨论也只需稍加调整以适应具体情况而不必做什么根本的改变。实际问题总是极其复杂的，要在这里加以充分讨论是不可能的。因此，为了简化起见，我且不谈社会主义计划当局一定会允许各人收入有某种程度的不同（例如适应家庭需要等）这一点，而假定社会主义计划当局的目标是要保证所有工人收入相等。这个假定可以使我们能够以比较简单的方式说明本质问题。

确定了这一点以后，我们首先假定：所有工人都完全一样，每星期作为（工人的）收入付给所有工人的货币数额相同，除了这些工人之外没有其他生产资源（这一点虽然有点不合情理）。我们不妨设想，工人们是计划当局按照粗略的估计，以看来合适的数目配置给不同工业的。这种配置就决定了各种消费品的产量，而各种消费品的价格又是按照刚才曾说到过的方式决定的。这样，数据就有了。计划当局如果愿意的话，就能依靠这种数据调整原来的劳动力配置，使之相当于完全竞争状态下的配置（这种配置我在下文将称之为选定配置）。但是，计划当局在这样做的时候，还可能碰到一个问题：在价格制度业已确定，而且资源配置也已确定的情况下，在有些工业中，通过工资形式付出的开支会超过产品出售所得，而在有些工业中，这种开支又会低于所得。因此计划当局必须减少前一类工业中的劳动力数量而增加后一类工业中的劳动力数量。它必须继续不断地进行这种调整，一直到在每一工业中，总成本与产品销售总价格相等。计划当局要进行这种试验是很容易

的，因为它只要对每一工业的每一工厂的直接负责人发出一纸命令就可以在那个工厂中贯彻。每个工厂都必须视其产品总成本是超过还是低于产品按既定价格销售所得而减少或增加劳动力。但是，即使如此，也不能一下子就实现最后的调整。因为，如果要遵守第70页所说的原则，劳动力配置的变动会造成对各种不同消费品所定的一系列价格的变动。因此就需要采取一系列的试验步骤，直到在每一工业中下述两个条件（而不是像第70页上那样只有一个）都得到满足时，才能算是达到了目标。这两个条件就是：（一）任何工业都不存在产品不足或过剩；（二）在每一工业中生产总成本都等于销售总收入。计划当局的这种命令如果能够普遍得到遵守，就能够实现一种与选定配置完全一样的资源配置。在原则上，不应该有什么东西会妨碍这种命令普遍得到遵守。不过，当然也会有不少摩擦需要克服。

如果考虑到不同的工人拥有不同种类的能力这一点，那就还有更严重的困难在后头。为了说明问题的方便，我将不谈能力的程度的不同。另一方面，由于没有更多的复杂因素出现，我现在不再假定，除了劳动力以外没有其他生产要素，不过承认除了劳动力以外还存在各种类型的生产手段。我们现在所碰到的问题，不再是在不同工业中间配置同一类型的人的问题，而是许多不同类型的人和生产手段问题。在有着完全竞争条件的资本主义制度下，从某一工业中各个工厂的厂长的角度来看生产资源（劳动力、生产手段和土地）的租用价格的确定，是同他本人如何经营毫无关系的（虽然同他本人和他那一行业中全体同行的共同行动不可能是没有关系的）。每一工厂的厂长在有了这种租用价格的数据以后，在使用各种生产资源时，就要使所使用的每一种资源必须达到这样的数量，在此数量下，他的平均生产成本会降低到最低限度，也就是能够使给边际纯产品的价值——每种资源的一个（小）单位对总产量所造成的差别的价值——等于这项资源的一个小单位的租用价格。不过，在社会主义集中计划下，由于给所有工人的收入都是相等的，尽管他们的工作质量和能力各有不同，而且由于生产手段为国家所有而不租给任何人，因此就不存在由市场作用所决定的生产资源的租用价格，因此，也就没有数据可供这些工厂厂长作为工作的依据。显然，如果计划当局要使劳动力和其他生产资源的实际配置同选定配置一致，它必须设法补救这个缺陷。为此，它必须通过法令给每种劳动力和生产手段规定一种我们可以称之为会计工资或会计租金的东西；然后指示各工厂厂长把这种会计工资或会计租金当作实际的工资或租金一般，这样来安排他们所使用的不同资源的数量，以便把平均会计成本降低到最低限度。如果他定出了正确的会计工资和会计租金，也就是说，雇用劳动力的会计工资与使用生产手段的会计租金等于具有完全竞争条件的资本主义下实际的工资和租金，到那时候，它的问题就解决了。但是怎样确定正确的会计工资和会计租金呢？有一个简单明确的试验方法。如果按该会计工资或会计租金，许多工业（它们都是本着把平均会计生产成本降低到最低限度的原则办事）的总需求完全吸收了每种劳动力和生产手段的现有供应，既无剩余又无不足，那么这种会计工资或会计租金就是“正确的”。在这个标准确立以后，我们就可以设想一下这样的办法。计划当局凭主观猜测初步确定每种劳动力和生产手段每一单位的会计工资或会计租金（当然这要

根据这样的一个条件:这些工资和租金总数乘以各种劳力和生产手段的数量等于实际发给工人的货币收入)。然后各工业必须像在第73—74页所说的那样调整它的产量,务使(一)没有产品不足或过剩现象,(二)总销售收入等于以会计工资和会计租金为租据的总成本;而且各工业的每一工厂都必须把它的平均会计成本降低到最低限度。这些指示普遍执行之后,中央当局几乎一定会发现,预定的每种劳动力或生产手段的总数量比起实际所能得到的数量来不是多,就是少。因此,它必须亲自来调整每种劳动力和生产手段的会计工资和会计成本,一直到任何劳动力或生产手段都没有不足或过剩现象。同时,按照我们以前的论点,它必须调整每种消费品的价格,使得市场上货物全部出清也没有消费品不足或过剩现象;它也必须使全部消费品销售总价格同总收入保持相等。最后,当然,它必须使每种资源数量乘以会计工资和会计租金的总数同总收入保持相等。按照上述原则经过不断的调整,最后实现选定资源配置,在理论上是可以办到的。但是,显然,要采取这一办法在实际上有很大的困难,要比上述比较简单的假定情况困难得多,发生牵涉甚广的差误几乎是不可避免的。

但是,即令如此,我们的困难还并未到头。到现在为止,我们都是心照不宣地假定,各种劳力的总数量都是事先确定的,就算是由天意来确定的吧。但是事实却当然不是如此。各种劳力大多数是由训练他们的时候所花的开支所制造出来的。为了便于说明起见,我们在这里姑且假定:(一)在开始的时候,除了训练以外,人人都是一样的，对于不同的训练，都有同样的适应性；（二）各种训练的花费相等，所需的时间也相等。[①] 要实现选定的资源配置，必须对各种类型的工人规定一个单一的会计工资，计划当局必须调节受到不同训练的工人的数目，务使按照这个会计工资，市场上对每种工人的需求正好得到满足，既无不足也无过剩（当然是在各种工业都按照我们原则行事的条件下）。这种调节行动构成了另外一个问题，在处理这个问题的时候，发生重大差误是不可避免的。

在实际生活中，困难还要严重。因为各种各样的人在开始的时候并不是一样的，各人的天赋不同，有人比较适合于某种训练，有人比较适合于另一种训练。最理想的安排是，具有不同能力的人受不同的训练，分配恰到好处。任何个别交叉调动，都不可能增加总生产量。在具有完全竞争条件的资本主义制度下，这种情况是有可能实现的，因为一个人在合适的地方工作总比在不合适的地方工作有价值，因而能得到较多的工资，在利己心的推动下，他也会想方设法到能够得到最高工资的地方去。而在社会主义集中计划制度下，工人没有可能自己来选择要受哪一种训练。选择工作是由计划当局通过它的各个所属机构来进行的。比如，当它决定需要一定数量的医生时，它就会挑选青年去接受医学训练。不错，它这样做的时候，也并不是在暗中瞎碰而是有学校里的国家教师做指导的。但是，尽管如此，错误一定还会很多。因此，选择工作进一步加重了集中计划当局原来已经极为沉重的负担。

以上的讨论说明，要使得生产资源的实际配置符合选定配置，

① 这两个假定使我们能够避免牵涉到利率的问题，这个问题留待下章再谈。

这个实际工作在原则上是可以解决的。但是以上的讨论也说明，这一工作极为困难。此外，我们也必须记住，上述分析对象是一个人为的极度简化的标本。上述分析并不能，而且必然不能使人对于实际世界中需要进行的极其复杂的调整工作有一个充分的印象。除了其他事实以外，我们还有意忽略了这个事实：许多供消费用的制成品不是一下子生产出来的，而是要经过一系列的阶段才能生产出来的，这就使得许多不同的原料同半制成品发生关系，然后再制成不是一个而是许许多多不同的制成品。这些事实并不足以影响我们已经得出的调整问题在原则上能够解决的结论。但是显然，这些事实大大地增加了实际困难。在短时间内演算少数几个联立方程式是一回事，而演算成千上万的联立方程式又是一回事。我们的标本分析所提出的问题同实际生活中会出现的相似问题之间的不同，大体上就是如此。而且，还需要记住，我们的标本世界可以说是一种自给自足的世界，同外界没有任何联系。而在实际生活中，一个社会主义国家是同许多其他国家一起存在的，有的也许也是社会主义国家，有的我们必须假定是资本主义国家。这个社会主义国家的人民所需要的某些消费品可能不能由本国直接制造，而要通过同其他国家交换产品来取得。这就产生了另外一个复杂因素。如果其他国家的生产情况和需求情况有较大较频繁的变动（这是十分可能的），那么复杂程度就更大了。有鉴于此，我们不难看到，一个集中计划当局要实现我所说的选定的生产资源配置这个实际任务是非常非常困难的，要完全取得成功更是完全谈不上的。能够接近完全的成功到什么程度，当然要取决于计划当局本身的手段有多灵活、作风有多正直，也要取决于它所属工

作机构的手段有多灵活、作风有多正直。但是，除非是在一个超人世界里，否则，一定会发生许多严重的错误。在任何国家里，只要把社会主义当作一种理想来同资本主义的现实进行比较，都必须记住这一真理。在目前这个范围而言，它构成了一种反对变革的论据。

如果现在有人反驳说："你所称作选定配置的那种资源配置，事实上并不是某一个社会主义中央计划所要实现的配置。要是一个人并不想到月球上去旅行，而你却去跟他人谈他在路上会遇到什么困难，那就真是白费唇舌了。"如果情况是如此，那么，上述讨论的目的就与此无干。本章的重点并不是一个社会主义计划当局究竟要为自己确定什么具体性质的目标。本章的目的是想使大家来注意一个具体的目标，以此来说明这个当局一定会遇到的那类困难，而不论这个当局的目标具体性质究竟如何。总而言之，我在上面所企图勉力说明的问题不是一个目的问题，而是一个方法问题。

第八章　有关利率的一些问题

在第三章和上一章中，我们的讨论都集中在一个人为的标本世界上，而不是在一个实际世界上。在这个标本世界中，(一)所有生产手段都是永远存在的；(二)实际上不可能生产任何新的生产手段；(三)所有消费品的生产和送交消费者的过程都是同时发生的，因此就不存在生产资本或流通资本。我们用这个办法避免触及利率问题。现在有必要来正视环绕着利率这一概念的困难问题了。

有一点必须事先就弄清楚。我们在第四章中看到，银行系统对各种利率的控制和操纵能够用来调整就业人数，说得更广泛一点，也就是一个国家实际投入生产的生产资源的总数。因此，由于不同的银行政策，资本主义制度下投入生产的资源总数量或者社会主义制度下投入生产的资源总数量有时候可能不同，甚至总是不同。这个可能性在第四章中已经做过研究，我们目前要讨论的不是这一点。在本章中，为了方便起见，我们必须假定，投入生产的各种资源总数在两种制度下总是相同的。这个条件很容易满足，我们只要假定这两个制度所采取的货币政策都是某种意义上"中立的"货币政策就行了。这里不可能深入讨论这些词句所包含的十分复杂而且引起争论的问题。我们大体上的打算是，在我们要谈到的范围内，我们要研究的是所谓处于自然状态的利率，而不是由于通货膨胀或通货紧缩而人为形成的利率。

有了这个条件，在资本主义制度下利率（在下文中我将一律用此名称来代表对不同类型的放款所收的所有各种利率）所起的作用就很容易下定义。一方面，它能够帮助确定用来作为固定资本的折旧和用来增加新资本（纯投资）的资源有多少变成了不同种类的资本品。另一方面，它能够帮助确定生产资源总量中有多少是用来作为折旧和增加资本的，有多少是用来制造消费品的。

读者如果留心的话，大概会发现这里有些别扭的地方。通常关于收入的定义，都认为任何一年的实际收入就是在扣除了耗损折旧以后的商品和劳务的产出。货币收入（如无纯投资也无负投资时）既是所生产的消费品的货币价值加上所增加的纯投资，又是所有生产因素的所得（包括那些用于维持现有资本的一些生产因素）；这两者所以相等是因为维持费用已包括在消费品生产成本里，因而也包括在消费品的价格里。因此，说货币收入有一部分花在耗损折旧上，是不正确的。但是，这当然并不是说，实际上就没有任何资源——劳动力或生产手段——用在这方面了；也不是说，这些资源如何在不同种类的资本品之间配置的问题因此就化为乌有了。在没有纯投资（增加资本）或负投资（抽走资本）的情况下，只要资本总数保持完全不变，每种资本品的数量并没有必要也保持完全不变。相反，一种资本品的增加可能会被另外一种资本品的减少所抵销。因此生产资源的配置问题在维持现资本方面同进行纯投资方面基本上是一样的。

这一点明确了以后，在资本主义制度下，决定那些保留作维持

现资本和进行纯投资之用的生产资源如何配置的种种因素之间，利率究竟起什么作用，就容易说明了。在第三章和第七章中，我们假定所有生产资源都是同时生产供应消费者的最后产品的。而在事实上，用在不同工业上的生产资源，不论是用来制造消费品的还是用来制造资本品的，其产品有些是立即生产出来的，有些是经过短时间以后生产出来的，有些是要经过长时间以后才能生产出来的。从企业家观点来看，利率就构成了一个成本因素。如果利率不变，成本的大小就直接决定于生产资源开始使用的时间到这些生产资源所直接或间接生产的最后产品销售掉的时间两者之间的间隔有多长。如果以生产手段来说，当然，最后产品的生产和销售就不是同时进行的，而是这种生产手段最后报废以前的整个时期内延续进行的。因此，在实际上，利息的存在使人不大愿意把资源用在远期报酬上，而愿意用在近期报酬上。利率越高，这种情况也越严重。只要根据利率，就能算出一项或多项未来报酬的目前价值。保留用于维持现资本和进行纯投资的资源，只要其使用受正常的商业动机的支配，其分配就往往会符合下述情况：用于任何种类维持现资本或进行纯投资的一镑边际价值，其未来报酬的目前价值与用于任何其他种类维持现资本或进行纯投资的一镑边际价值的未来报酬的目前价值相同。此外，若用于维持现资本或进行纯投资的生产资源数量不变，市场所定的利率就会使得这一数量正好为需求所吸收，既无剩余，也无不足。在社会主义集中计划制度下，计划当局在预测收入方面，所处的地位同资本主义制度下的企业家是一样的。不过，那里没有一个决定利率的市场来起它在资本主义制度下所起的作用。因此也就没有一种可以称之为“自然的工具”，把供维持原资本和进行纯投资之用的生产资源在各种用途不同、其将来收取报酬的日期亦不同的生产活动中间进行分配，使得这些资源都被充分吸收。

还有一种重要的资本品，它们不是不断生产东西，从而生产货币收入的生产手段。对于这种资本品的资源配置，不论在资本主义制度下还是在集中计划制度下，利率都不起直接的影响，而只能根据对整个形势的总的感觉而来的粗略的常识判断来决定。只有在对这些资本品的资源配置有了着落以后，对剩余下来的那部分维持现资本和进行纯投资的资源配置，利率才能起调节的作用。这类资本品包括军舰、道路以及极端重要的在人民保健和教育方面的总投资。在这方面，社会主义国家的集中计划当局比起资本主义制度下有关当局来，条件并不差。还有一类非常重要的配置也不应该忘记，虽然对于这类配置，利率并无直接关系，那就是不同个人之间配置在教育和训练上的生产资源。在目前形式的资本主义制度下，这种投资大部分是父母所投的，为数几何，也由父母决定。但是父母的经济情况各不相同。生于富贵人家的子弟并不一定最能吸收费用昂贵的教育的好处，不幸而生于贫寒人家的子弟却得不到从一般社会观点来看应该得到的各种教育机会。尽管（像在英国那样）有各种奖学金的设置，但能够得到的总是只有少数幸运儿。在这方面，社会主义就比资本主义优越多了。在社会主义制度下，例如，在俄国，国家选择升学的人选，所根据的是教师和其他能够判断他们能力的人的意见；任何人都不会因为父母经济情况不好，受不到某一项专业训练，而不能从事这一门职业。

除了这些种类的维持和投资以外，在资本主义制度下，资源配置方面有一个很大的范围受到市场所决定的利率的重大影响，其情况已如第82页所述。的确，没有人说过，在社会主义集中计划下，由于不存在利率，或者说，由于没有别种代替利率的东西，配置工作就根本不能进行。当然，配置工作是能够进行的，靠猜测，靠碰运气，也可以按照各工业提出要求的先后供给资本，也还有许多别的方法；只是绝不能听任个人按照自己的愿望来进行（如果给他们以自由的话）。一眼就可以看得出，对那些其产品已能满足经济情况相同的人们的需要的工业说来，这样在这些工业维持现资本和进行纯投资的要求中间进行资源配置会造成损失。在这个意义上来说，计划当局除非找到某种特别的方法，否则几乎一定会“浪费”资源。它很容易会把太多的资源投入某些方面，而在另外一些方面又投入太少。尤其是，它很可能受到追求新玩意儿的风气的影响。例如哈耶克（Hayek）教授写道：“我们可以料到有些工业会过度发展，而根据其增加的产量来衡量，这种过度发展的代价是不划算的。我们也可以料到技术人员要到处应用最新技术的过分热心，他们不考虑这种技术在具体情况下是否经济。”[①]总而言之，在许多方面，由于没有市场所决定的利率，集中计划当局要对决定用于维持现资本和进行纯投资的生产资源进行配置的时候，不论这些资源为数几何，它一定会遇到严重困难。

不过，它有一个办法来对付这个困难，它可以给自己虚构一种会计利率，其方式与我在前一章中所谈到的会计工资和会计租金

① 哈耶克：《集体经济计划》（*Collective Economic Planning*），第204页。

相同。它可以指示直接管理所属工业的人,以这种会计利率为行动的指南,就像资本主义制度下私营工业以真实的利率为行动的指南一样,只有在特殊情况下,它才亲自出来干预。所谓会计利率必须能够使得各工业根据前述原则将市场上供纯投资之用的那部分货币收入完全吸收,既无剩余也无不足。当然那部分货币收入是国家不顾利率如何已经把要投入军备等方面的那部分款项从货币收入总量中提走以后所剩余的部分。在这样决定了会计利率以后,计划当局在这类配置方面,就能处于同资本主义一样有利的地位。困难是,除非发生奇迹,否则,它第一次所决定的利率一定不是太低,就是太高。所谓太低,是指按照该利率,供纯投资之用的资源不足以满足各方面的需求,以致有些需求没有得到满足,而哪些方面得不到满足完全是碰运气。所谓太高,是指有一些资源等待使用,而按照该利率,没有一个工业有力量使用。解决办法是一系列的逐步调整,同时按照第 75—76 页所述方式进行第二步的有关调整。集中计划当局用这个办法就可以希望,如果情况稳定的话,最后能找到正确的会计利率,也即按照上述含义既不太高也不太低的利率。但是在形势和动向发生剧烈变化的时候,一定会有很大的差误。

关于供维持现资本和进行纯投资之用的资源在各工业间的配置,我们就谈到这里。正如第 81 页所指出的,在资本主义制度下,利率也能帮助确定整个社会所掌握的全部生产资源有多大部分将保留供这些用途。在第 80 页所列举的假定条件下,利率之所以能够做到这一点,是根据人们的储蓄愿望,也就是不把收入立即用在消费上的愿望。这种愿望当然不是一种终极原因,而是一种终极

原因借此发生作用的手段。终极原因是,能够进行投资的机会,或者更严格地说,公众对于这些机会所抱的心理态度[①],以及他们愿意从未来的满足中所扣除的比率。在资本主义制度下,这种力量——需求和供给的力量——通过利率来确定应该有多少资源用于维持现资本和进行纯投资。而在社会主义集中计划制度下,供维持现资本和进行纯投资之用的资源不是靠个人的自愿行动,而是靠国家的命令来筹集的。货币总收入中有一部分被公众用在国营工业的产品上,有一部分被国家用在偿付生产成本(包括耗损折旧)上;另外还有一部分是从公众手中筹集而来,由国家用在增加资本数量上。有时,也可以对公众不直接征收税款,而让他们把全部货币收入自由用于消费;但是却把售给他们的商品的价格提高,使国家能够从价格超过成本的那部分钱中得到它所需要的不论多大的款项来进行投资。事实上,国家没有必要先发给个人收入,而后又以捐税或公债方式收回一部分。人为抬高物价这个方法要简便得多。集中计划当局用这个方法可以把所有商品的价格都附加同等百分比数字,也可以对要鼓励人家消费的商品附加特别低的百分比数字。也许,有人会表示异议,认为人为抬高物价必然会使得各种负担类别的收入者都受到同样比例的负担,而这可能不是计划当局的本意。不过,在这种情况下,计划当局只需对某些特定类别的收入者的收入数额调整一下就行了。选择用什么办法来配置资源以供维持现资本和进行纯投资之用,毕竟是个次要的问题。

① 大家知道,我国的总投资,甚至纯投资中有很大一部分是各公司的董事从未分配的利润中拨出来的。不过,这些董事一时虽有独断独行之权,但从长期来说,仍是股东的代理人。

关键的问题是，在社会主义集中计划下，在确定配置总数时，通过利率发生作用的需求和供给的（自发）力量并不是决定性的因素，而在资本主义制度下却是决定性的因素。这个总数是以一纸命令来决定的；而我们假定计划当局为了自己的方便起见采用的会计利率是有意识地决定来适应这一总数的，而且只起一种调节各种投资之间资源配置的作用，使之既无剩余又无不足，像第 85 页上所述的那样。即使集中计划当局采用这种利率，我们也并不能因此就有理由认为它决定要投资的数量等于资本主义制度下根据这里假定的那种银行政策，或者任何其他种类的政策要投资的数量。

有人认为，在资本主义制度下利己心的自由作用往往会使得每年用于维持现资本和进行纯投资的资源获得最适当的数量，如果这是正确的，那么社会主义集中计划制度就有一个严重的缺点。但是没有理由认为它是正确的。私人对投资的态度，同样，他们的代理人对投资的态度受到下面这一点的影响，即如果满足的程度相等，许多人总是宁可得到目前的满足，而不愿等待将来的满足，哪怕将来得到这种满足是确定无疑的事。这种心情是不能以理性来解释的。两种程度相等的满足，较近的一个更受欢迎，唯一原因就是因为它时间较近。不过当然，既然是程度相等，从永恒的意义上说，应该是同样受到欢迎的。根据要近而不要远的非理性选择所做出的安排必然会使得投资降低到根据总的经济福利来看是“应有的”水平以下。毫无疑问，也有可能一个集中计划当局所提供的投资会少于通过资本主义社会中处在同样地位的不同人的私人行动而提供的投资。但是苏联的试验表明，它多半会提供更多

的投资，我们肯定没有根据事先就认为，在这方面，社会主义集中计划下会出现不如资本主义制度下那么有利于公众福利的局面。

第九章　结论

要解决我们在资本主义和社会主义集中计划之间做一取舍这个实际问题，本书以上几章所提出的种种考虑，还是很不够的。理由十分明显，而且不容置疑。不论是在资本主义名下还是在社会主义名下，我们都谈到过不少详细的方案，它们在许多重要方面各不相同。事实上，我们所做的无异是把一个家族的某一随便挑出来的成员同另一家族的某一也是随便挑出来的成员做比较。除非我们认定这一家族最坏的一个成员比另一家族最好的一个成员好，否则，上述比较就不可能有什么结果。比如，为便于说明起见，我们以英国目前占优势的实际经济关系作为资本主义的代表，而对社会主义却只给以一个含混的概念，这种做法对资本主义是有点不公平的。因为我们无异是把一个对象剥得赤裸裸的，让它所有的缺点都暴露于众目睽睽之下，同时却让另一个对象蒙上面纱来同它比较。反之，如果我们以苏联目前所表现的那种社会主义集中计划来代替那个蒙纱的对象，那也是不公平的。因为，苏联一直是一个比英国贫困得多的国家，是个在比英国大得多的程度上从事农业的国家，是一个在实行社会主义制度以前文官系统出名腐败、普及教育极其落后的国家。此外，新制度是紧接着连年战祸以后出现的，它马上又陷入内争之中，终于靠普遍的残暴迫害（而

且在这种残暴迫害中)发展起来。我们有充分理由相信,英国要是现在通过和平的议会方法实行社会主义集中计划制度——如果能够的话——肯定会比苏联有好得多的成绩;正如英国的资本主义比沙皇时代的资本主义好得多一样。因此不要希望会出现什么“实际证明”,能说明我国“应该”或者“不应该”实行社会主义集中计划,即使仅仅从经济上考虑也罢。而且,事实上,有许多与经济学毫无关系的不可测度的因素也对这个问题有影响。

不过,虽然我们没有必要的数据和材料来做正确的判断,也并不就是说我们就只能袖手旁观。因为袖手旁观也是一种决定,是决定拒绝,是事先就宣布我们反对任何变革。在人类事务中,很少有可能绝对地证明——哪怕我们的好坏标准是一致的——一种行动方针比另一种行动方针好。数据总是不完备的。尽管如此,我们在获得了有关知识和方法以后,我们必须尽量利用这些不完备的数据,毅然决然,做出判断。舍此而外,别无他途。

在这方面,一个经济学家并不具备什么特别好的条件。说老实话,由于多少过着一种超然物外的生活,他比许多其他人的条件更差,虽然后者对有关事实的知识可能要少一些。这里需要的是对人情世故丰富的经验阅历,对于会不会起作用的因素有着天赋特殊敏锐的“感觉”。而这些条件正是学者——像大多数书呆子一样——所不具备的,所不同于有些书呆子的,不过是还有些自知之明而已。尽管如此,在本书结束时,对于其中所讨论的问题,不表示某种信念,很可能引起误解。结论不论多么粗糙,不成熟,还是必须一试。

因此,如果作者有权指导国家的命运,那么,暂时来说,他将接受资本主义的总结构，但是他要逐步加以修改。他将采取累进遗产税和累进所得税的办法，不仅仅是以之增加国家收入，而且也是有意识地以之消除使我们目前的文明丢脸的财产和机会极其不平等的现象。他将汲取苏联的教训，牢牢记住最最重要的投资是在人民健康、智力和品格方面的投资。在他的政府治下，主张在这方面“节约”将是一种刑事罪。凡是与公共利益有关的工业，或者能有垄断力量的工业，至少都要受到公共的监督和控制。其中有一些工业，将收归国有，可以肯定的有军火工业，大致会实行的有煤矿工业，可能还有铁路。当然，国有化不会按照邮政局的方式，而是通过公共董事会或委员会。他将使（事实上已是一个公共机构的）英格兰银行正式成为一个公共机构，有权使用它的力量来尽可能减轻工业和就业的剧烈波动。如果一切顺利的话，对于重要工业将逐步实行国有化。在控制和发展这些国有化工业方面，中央政府必然需要在“计划”中为全国每年进行的一大部分新投资提供适当的拨款。这些工作完成后，作者就将认为他的任期已满而引退让贤。在他的政治遗嘱中，他将向他的继任者建议也采取渐进的道路——进行改造，而不是连根拔除；但是他将用黑体字加上最后一句话：渐进意味着行动，而不是静止不动的好听说法。

图书在版编目(CIP)数据

社会主义和资本主义的比较/(英)阿瑟·塞西尔·庇古著;谨斋译. --北京:商务印书馆,2024.
(汉译世界学术名著丛书:120年纪念版:珍藏本:增订本). -- ISBN 978-7-100-23983-7

Ⅰ. D033.4; D033.3

中国国家版本馆 CIP 数据核字第 20249GJ203 号

汉译世界学术名著丛书
(120年纪念版·珍藏本·增订本)
社会主义和资本主义的比较
〔英〕阿瑟·塞西尔·庇古 著
谨斋 译

商务印书馆出版
(北京王府井大街36号 邮政编码100710)
商务印书馆发行
北京新华印刷有限公司印刷
ISBN 978-7-100-23983-7

2024年5月第1版　　开本 710×1000 1/16
2024年5月北京第1次印刷　　印张 6½
定价:35.00元